KB274792

브런치 경제학

브런치 경제학

초판 1쇄 2013년 5월 25일
　　　4쇄 2013년 8월 30일

지은이 서정희
펴낸이 성철환　**편집총괄** 고원상　**담당PD** 이경주　**펴낸곳** 매경출판㈜
등　록 2003년 4월 24일(No. 2-3759)
주　소 우)100-728 서울 중구 필동1가 30번지 매경미디어센터 9층
홈페이지 www.mkbook.co.kr
전　화 02)2000-2610(기획편집)　02)2000-2636(마케팅)
팩　스 02)2000-2609　**이메일** publish@mk.co.kr
인쇄·제본 ㈜M-print　031)8071-0961

ISBN 978-89-7442-634-7

값 14,000원

브런치 경제학

서정희 지음

에스프레소보다 진하고 와플보다 바삭한 경제 이야기

매일경제신문사

분노를 넘어 '다함께 새희망'의 시대로

지금부터 정확히 10년 전이다. 당시 미국 워싱턴특파원으로 부임하면서 이 책이 다루고 있는 여러 가지 내용에 관한 경험과 공부가 시작됐다. 그곳 싱크탱크에서 진행되는 각종 세미나와 콘퍼런스에 가보면 국제 경제와 금융 부문에서는 소위 '글로벌 임밸런스(Global Imbalance)'라는 말이 어김없이 나오곤 했었다.

이런 일이 왜 벌어지게 됐는지는 제쳐두고라도 이런 일이 한없이 지속될 수 없는 노릇임은 일찌감치 예감할 수 있었다. 그리고 5년 뒤인 2008년 글로벌 금융위기가 터졌다. 자본주의 역사상 전대미문의 글로벌 위기임에 분명했다. 금융자본주의의 선봉에 선 미국이 각종 선진 금융기법을 동원해 거대한 버블을 키워 온 결과 터진 위기였다.

그리고 다시 5년이 흘렀다. 세계의 중심부에서 터진 위기이기에 지구촌 전체가 금방이라도 날아가 버리는 게 아닐까 하는 공포감이 우리 모두를 휩싸기도 했으나 이제 그런 폭풍우는 일단 지나간 듯하다. 그러나 이것이 끝이 아니란 걸 모를 사람은 없다. 버블로 인해 터진 위기를 초저금리와 양적완화로 맞서고 있다. 단기 안정화일 뿐 장기 근본처방이 되기 어려운 이유다.

그래서 대부분 사람들은 이번 위기가 장기전이 될 것이란 의견에 동의한다. 어쩌면 제1, 2차 세계대전을 중세 유럽의 30년 전쟁에 비유했던 처칠의 혜안처럼 이 위기를 제3차 30년 전쟁이라 부를 만하다는 생각까지 든다. 이미 과거 30년 전쟁과 같은 장기전 조짐이 여기저기서 눈에 띈다. 주요 20개국(G20) 정상회의를 통한 국제공조 분위기가 시들해지자 세계 각국이 자기 갈 길을 가는 모습도 확연하다.

위기 발원지였던 미국이 다소 숨통을 트는 것 같은 모습이다. 반면 정권교체기를 만난 중국은 그동안 뜨겁게 달아올랐던 성장엔진을 조금 식히고 있다. 때를 기다렸다는 듯 일본은 대공황 직후 1930년대처럼 엔저라는 환율평가절하정책을 들고 새로운 에너지 비축에 나서고 있다. 반면 이머징 국가들은 선진국들이 풀어댄 엄청난 유동성으로 인해 위기에 대한 내성이 다시 크게 약화되고 있다.

여기까지는 시작일 뿐 과거 30년 전쟁을 돌이켜보면 아직 갈 길이 멀다. 단기적으론 금리인하와 양적완화(QE)를 통해 세계 경제 침몰을 저지해 왔던 미국이 태엽을 거꾸로 감을 날이 멀지 않았다. 늦어도 2014년에는 양적완화를 종료하고 사실상의 양적수축에 들어가는 한편 금리인상에도 나설 것이다. 이렇게 되면 세상은 지난 5년과는 정반대로 돌아갈 가능성이 높다. 자신의 의장 임기(2014년 1월 31일)에 즈음해 정책기조를 되돌려 놓으려는 벤 버냉키 미

국 연방준비제도이사회(FRB) 의장이 QE의 축소 조정과 종료 일정
을 거론만 했을 뿐인데 세상이 벌써 요동치고 있다. 이 얘기는 이머
징 국가들로부터 거대한 자금이 유출되고 외환위기 혹은 금융위기
가 재발할 가능성이 대단히 높아질 수 있다는 뜻이다. 미국은 과거
에도 민주당 연임 정부 2~3년차에 국제적 파급 영향이 큰 이벤트를
단행하곤 했다. 굳이 따진다면 그 시점은 2014년 전후가 된다. 이
과정에서는 국지전, 통상전쟁 등 상상하지 못할 시나리오가 없을
것이다. 특히 예의 주시해볼 필요가 있는 부분은 중국 경제에 미칠
영향과 이에 대한 중국의 대응이다. 중국 경제와의 상관관계가 깊
어진 한국으로서도 가장 염려되고 관심을 가져야 할 대목이다.

중·장기적으로 지구촌 경제가 새로운 균형에 도달하기 위해서는
금융만이 아닌 실물에서 충분한 버블 조정이 이루어져야 한다. 이
과정에서 미국과 유럽이 더 긴 고통을 감내하는 게 옳지만, 이머징
국가나 후진국으로 부담을 전가하려는 시도도 나타날 것이다. 궁극
적으로는 제2차 세계대전을 마무리하며 등장한 브레튼우즈체제까
지는 아니더라도 국제 경제나 국제 금융에 관해 기존의 낡은 질서
를 대체할 새로운 질서가 탄생해야 한다. 그게 지금과 같은 위기와
분노의 시대를 지나 앞으로 우리가 찾아 나가야 할 지구촌 새희망
의 시대다.

한 나라의 경제든 세계 경제든 모든 경제는 '거품의 시대―위기의

시대–분노의 시대–새희망의 시대' 등 총 4단계 사이클을 거친다
고 생각한다. 건강한 경제도 일단 거품이 끼면 병이 들기 시작한다.
일반적으로 경제에 거품이 끼게 되는 배경으로는 정치적 포퓰리즘
영향이 가장 크다. 선거를 몇 번 치르다 보면 분배에 신경을 쓴다는
핑계로 퍼주기식 공약이나 정책이 난무한다. 그 결과 경제에 거품

4단계 경제발전 사이클

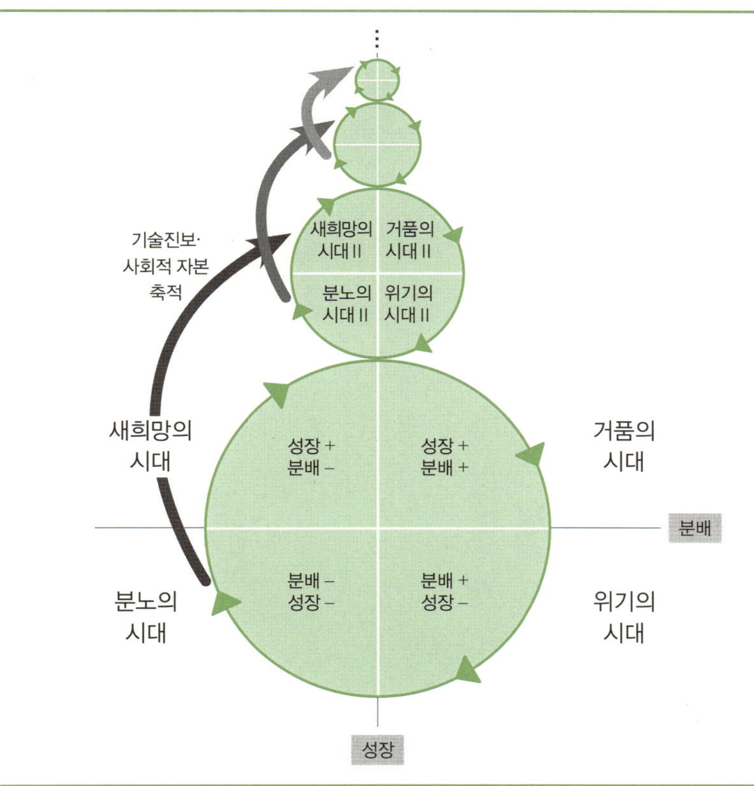

이 잔뜩 낀다. 거품의 시대에 성장과 분배가 모두 플러스(+)로 나타나는 이유기도 하다. 문제는 이 단계에서 생산성 향상과 기술 진보가 잔뜩 낀 거품을 상쇄하고도 남을 정도로 진전하지 못할 경우 성장이 되레 뚝 떨어지는 위기의 시대(성장 마이너스, 분배 플러스)로 넘어간다는 점이다.

지금의 경제 시스템으로 더 이상 감당이 안 되니 위기가 터지는 것이다. 위기의 시대가 진행되다 보면 분배가 악화되고 양극화가 심화되는 단계로 접어들기 마련이다. 이것이 '월가를 점령하라'에서 본 분노의 시대(성장 마이너스, 분배 마이너스)다. 이런 분노의 시대를 뛰어넘어 분노의 시대에서 새희망의 시대로 도약하기 위해선 특단의 모멘텀이 필요하다. 일정 수준 이상으로 기술 진보나 사회적 자본의 축적이 진행되어야만 그 경제의 발전단계가 한 단계 업그레이드되는 것이다. 우리 경제는 이렇게 4단계 사이클을 거치며 나선형으로 진화·발전한다는 게 개인적 생각이다.

동서고금을 막론하고 모든 경제는 성장과 분배를 둘러싼 치열한 갈등의 역사였다고 말하고 싶다. 좌파 정치·경제학에서 주장하는 생산력과 생산관계의 끊임없는 상호작용과 변증법적 진화에도 맥이 닿을 만하다. 중세 사회에서 근대 자본주의 사회로 넘어오는 과정에서 산업혁명이라는 거대한 생산력 혁명이 이루어졌듯이 새희망의 단계는 늘 큰 폭의 생산성이나 기술 진보를 통해 촉발된다. 마이너스(-)였던 성장이 플러스(+)로 돌아서는 계기를 제공하는 것이다. 이 단계에선 아직 분배까지 플러스로 돌아서진 않는다. 앞서 설명했듯이 이 단계에서 선거를 몇 번 치르다 보면 풍요해진 사회적 잉여를 나눠 가지려는 정치적 포퓰리즘이 강해지기 마련이고, 이 과정에서 성장과 분배가 모두 플러스를 나타내는 거품의 시대가 도래한다. 겉으로는 풍요의 태평성대지만 속으로는 서서히 비만이나 대사증후군 같은 지병이 깊어질 수 있는 시기다. 병이 깊어지면 결국 일이 터진다. 위기가 도래하면 성장이 뚝 떨어진다. 이 시기에는 성장이 마이너스로 돌아서는 대신 기존의 분배는 아직 손을 대지 못한 상태가 이어진다. 그러다가 분배까지 마이너스로 돌아서서 성장과 분배가 모두 마이너스가 되는 단계가 도래하면 그게 분노의 시대다. 이 어둠을 뚫기 위해서는 다시 거대한 생산력 도약을 기다려야 함은 물론다. 이게 필자가 주장하고 싶은 소위 4단계 경제발전론이다.

그러면 지금 우리는 어디에 서 있을까. 오늘 바로 이 시간 우리가 살아가고 있는 한국 사회의 좌표는 구체적으로 어디쯤이며, 또 어디를 향해 가고 있을까. 혹자는 지금을 위기의 시대라고 부르고 혹자는 분노의 시대라고 칭할 것이다. 또 누군가는 지금 새희망의 시대가 다가오고 있다 말할지도 모른다. 현주소가 위기 혹은 분노의 시대가 됐든 아니면 새희망의 시대로 규정하든 중요한 것은 방향과 과제다. 아마도 지금 우리 사회에는 분노와 위기, 그리고 새희망의 싹이 함께 혼재되어 있을지 모른다. 분노의 시대엔 저성장과 양극화가 우리 어깨를 짓누른다.

이를 탈출하기 위해선 무엇보다 새로운 모멘텀, 즉 상당한 수준의 기술진보가 선행되든지 혹은 정치 발전이나 노사 대타협 등과 같은 사회적 자본의 거대한 축적이 진행돼야 한다. 과거에도 그랬다. 해방 후 가난이란 분노를 박정희 정권이 산업화를 통해 뚫었던 것이나 산업화 이후 싹튼 권위주의적 독재를 민주화 과정이 돌파해 새로운 시대를 열었던 것도 마찬가지다. 그러나 지금 우리는 다시 앞이 꽉 막힌 벽에 부딪힌 상태다. 그 벽의 실체가 정확히 무엇인지도 모른 채로 말이다. 특히 이번에는 단순히 '새희망'의 솔루션을 구하는 것만으론 부족하다. 양극화를 근본적으로 극복할 수 있는 '다 함께 새희망'의 해법을 찾아내야 한다.

우선 우리 앞에 가로 놓인 벽의 실체를 확인하려면 지금 우리 사회에 흐르고 있는 분노의 정체부터 파악하는 것이 순서다. 한국인의 분노엔 남다른 측면이 있다. 남녀노소와 빈부에 구별이 없다. 누구나 분노로 가득 차 있다. 물론 분노마다 유형이 다르고 해법도 다를 것이다. 그런데 한국의 모든 분노에는 한 가지 공통분모가 있는 듯하다. 분노의 현장마다 언제부턴가 우리 사회 전반에 광범하게 자리 잡고 있는 기득권과 지대추구 행위들이 어김없이 겹쳐서 나타나고 있다. 이 같은 한국적 분노 이면에는 크게 세 가지 배경이 숨겨져 있다고 생각한다.

　가장 중요한 첫째 배경은 진정한 의미의 시민혁명, 선진화 과정을 겪지 못했다는 점이다. 우리 사회 구석구석에서 보듯이 늘 원칙이 불분명하고 지배구조가 불투명한 게 모두 이 때문이다. 선진화와 가장 거리가 먼 집단을 꼽으라면 정치다. 우리 사회에서 정치가 분노를 자극한 지는 이미 오래다. 원칙이 없으니 책임을 지지 않는다.

　늘 갑의 행세만 하는 게 우리네 정치권이다. 관료들도 마찬가지다. 정치권이 득세하기 이전인 과거 권위주의 정부 시절에 비해 관료집단 위세가 조금 수그러들었다고 하지만 세력이 광범하고 결속력이 강해 여전히 최고의 기득권층 노릇을 한다. 특히 관료들은 우리 사회의 소위 그레이존 확대에 앞장서고 있다. 그래야 자신들의 영역이 넓어진다고 생각하기 때문일 것이다. 정부기관, 준정부기관, 공기업 등의 영역이 자꾸 넓어지는 것은 물론이고 유사 민간 부문까지 새로운 회색지대로 편입되고 있다.

　이곳은 다름 아닌 정치권과 관료들의 낙하산 영역이다. 언제부턴가는 관료들에게 배웠는지 민간 대기업에서도 오너 대주주의 마름 격 하수인들이 계열사 대표로 낙하산을 타고 내려오기 일쑤다. 세상은 앞으로 가고 있는데 전문성은 거꾸로 뒷전이다.

　이렇듯 원칙과 지배구조가 불분명하고 불투명하다 보니 우리 국민성을 놓고 이러쿵저러쿵하는 소리도 들린다. 우리 국민들은 어떤 땐 대단히 너그럽고 느긋하며 이해심이 많다가도 어떨 땐 너무 인색하고 성마르며 급하다는 비아냥이다. 한마디로 오락가락 한다는 수근거림이다.

왜 그럴까. 이런 게 다 우리 사회 리더들의 책임이다. 원칙과 지배 구조를 모호하게 해놓은 뒤 결과에 따라 자신들이 책임을 지지 않는 쪽으로 기준을 들이대고 평가한다. 이러니 거꾸로 당하는 일반 국민들 입장에선 어질고 느긋하다가도 갑자기 성마르고 인색해지지 않을 수 없다.

예컨대 한국 정책담당자들의 이중성을 보면 이런 측면을 이해하기 쉽다. 한국 관료들이 새로운 제도를 만들 때면 흔히 내실보다 겉모양에 치중해 앞뒤를 꽉 막아 놓는 경향이 있다. 운 좋게도 이 제도가 잘 돌아가면 그건 모두 자기 공이다. 그러나 반대로 이 제도가 잘 돌아가지 않아도 책임은 안 진다. 안정성과 건전성에 주안점을 두고 만들었기 때문이라고 변명하면 그만이다. 만약 훗날 누군가가 이 제도를 제대로 작동시켜볼 요량으로 손질에 나선다면 어떻게 될까. 그래도 상관없다. 고쳐서 결과가 좋으면 이 제도의 첫 도입자가 자기라고 자랑할 수 있고, 만약 잘못 고쳐 문제가 발생하면 좋은 제도를 괜히 손을 대서 망가뜨렸다고 하면 그만이다.

이 제도를 믿고 일을 벌여보려던 사람들 입장에선 미칠 노릇이 아닐 수 없다. 이런 식의 무책임과 형식주의 이면에는 '감사를 위한 감사'로 악명 높은 감사원 탓도 없지 않겠으나 어찌 됐든 이런 모습이 누구도 부인할 수 없는 우리의 한심한 자화상이란 점이 너무 슬프고 안타까울 뿐이다.

5년 단임 대통령제도 이젠 장점보다 역기능이 커 보인다. 권위주의 세력이 장기집권을 전제로 짜 놓은 단임 대통령제가 벌써 여러 차례의 수평적 정권교체까지 경험하며 한계를 노정하다보니 집권 정부마다 자신의 5년 임기에 혈안이 돼 모든 걸 다 해보려는 집착의 실패를 반복하고 있다. 가뜩이나 지금의 헌정 질서가 대통령 중심제가 맞는지 의심이 들 정도로 책임감 없는 국회 권한만 잔뜩 커진 마당이다. 이러니 대통령은 못해먹겠다고 하고 세상에는 제대로 되는 일이 하나도 없다. 정부도, 국회도 책임을 자처하지 않으니 결국 모든 책임은 고스란히 국민 몫이다.

한국적 분노 유전인자 뒤에 숨겨진 두 번째 요인은 반복된 위기 경험으로 인해 파괴된 정상적 신진대사 시스템이다. 우리는 지난 15년 사이 이미 두 번의 위기를 경험했고 지금도 상시 위기대응 과정이다. 위기를 반복해서 겪다보면 모든 유기체는 생로병사의 정상적인 생명 사이클 대신 생존 자체만을 우선시하는 잘못된 신진대사가 작동하게 된다. 이왕이면 위험을 감수하고 제대로 된 사업에 뛰어들기보다는 극단적으로 위험을 회피하고 자신의 기득권만 탐닉하는 지대추구 행위를 당연시 한다. 한번 몸에 밴 습성은 좀처럼 떨어지지 않는다.

한국식 자본주의나 대기업 구조의 강점이 어느덧 한국식 지대추구형 기득권주의로 변질되어 독버섯처럼 급속도로 번져 나가고 있다. 날씨가 조금만 흐릿해도 비가 올지 모른다는 방어적 예보를 해 버리는 게 마음 편한 세상이 되면 우리 사회의 역동성은 땅에 떨어지고 창조경제는 구두선에 그치고 만다. 이런 사회에선 경제민주화도 본말이 전도되기 십상이다. 대기업 규제 늘린다고 서민 자영업자 삶이 나아지는 게 아니다. 알부자 중견기업이나 중소기업들만 무소불위 갑의 횡포 지위를 대신 차지하는 희한한 세상이 올 것이다. 이미 우리 주변에선 그런 조짐이 보이고 있다. 균형 잡힌 '공정'과 '경쟁'을 통해 이걸 바로잡는 일이야말로 우리 시대 지도자의 역할이라고 감히 말하고 싶다.

세 번째 요인은 이미 빠른 속도로 진행되고 있는 우리 사회의 고령화다. 세계 모든 나라가 겪는 고령화지만 우리는 워낙 속도가 빠른 데다 선진화 과정 결여·위기 반복 증후군까지 겹치며 악영향이 증폭되어 나타나고 있다. 우리 사회에서 벌어지고 있는 정치, 사회, 경제 등 모든 영역의 고통과 분노는 어찌 보면 여기에 근인이 있다.

보수–진보 갈등은 물론이고 성장과 일자리, 복지 부담 등 우리 주변의 난제들은 하나같이 세대 간 갈등을 품고 있다. 일본처럼 경제 활력을 일시에 잃지 않으려면 고령화 속도를 늦추고 이에 따른 갈등을 낮추는 정책을 정교하게 써야 한다. 정년 연장과 관련한 논란에서도 보듯이 섬세하고 세련되지 못한 정책은 이를 둘러싼 대립을 격화시킬 소지가 있다.

　김대중, 노무현 대통령으로 이어진 좌파 정부 10년을 지날 때 그 기간을 두고 벌어진 '잃어버린 10년' 논쟁이 있었다. 우파 쪽에선 10년간 이뤄진 건 없고 잃어버린 것만 있다고 비난했던 반면 좌파 쪽에선 잃어버린 게 있으면 찾아줄 테니 신고하라고 맞섰다. 그리고 이명박 정부 5년이 지났고 우린 다시 우파 정부를 선택했다. 5년 뒤 박근혜 정부를 포함해 우파 정부 10년을 지날 때 새로이 직면할 논쟁이 과연 무엇일지 궁금하다.

　그때 가서 후회하지 않기 위해서라도 우리 앞에 놓인 과제를 차분히 해결해야 한다. 우리 사회 구석구석에서 발전을 가로막고 있는 그 무엇인가를 우리 스스로 꼭 발견해 내고 해결책을 제시해야 한다. 그 책무가 바로 이 사회의 리더들에게 있다.

　외람되지만 그런 책무의 일부를 절감하는 마음에서 이런 저런 생각들을 정리해본 게 《브런치 경제학》의 내용이다. 이념적 편향에 휘둘리지 않고 허망한 탁상공론에서 벗어나 실질적인 해결책 도출에 도움이 되고자 노력했다. 대부분 새로 집필하거나 손질했지만 일부는 그동안 매일경제 칼럼에 게재했던 내용을 옮긴 것도 있다. 세계 경제를 모두 다루면서도 읽기 쉽게, 읽고 나서 다시금 생각해 볼 '꺼리'가 있게 구성했다.

　이 책은 모두 4부로 구성돼 있다. 1부에선 새희망의 시대로 도약하기 위한 과제라고 할 수 있는 소재들을 모아봤다. 2부에선 우리가 지금 경험하고 있는 저성장과 양극화의 상황을 분노의 시대로 묘사해 다뤘다. 3, 4부에선 시기적으로 가장 앞선 거품의 시대와 위기의 시대를 순서대로 배치했다.

끝으로 이 책이 엮어지기까지 크고 작은 도움을 주신 많은 분들에게 감사드린다. 그동안 책을 내는 분들을 주변에서 볼 때마다 생각해보곤 했으나 개인적으로 공저가 아닌 단독 저술로는 사실 이번이 첫 출간이다. 그만큼 쉽지 않았던 결심이었는데 이번에 마음을 먹은 데에는 무엇보다 가족들의 응원과 협조가 큰 도움이 됐다.

지금까지도 큰 관심과 애정으로 지켜봐주고 계시는 어머니 김경환 님, 강단과 가사에 내조까지 힘겨운 1인 3역을 소리 없이 해내고 있는 사랑하는 아내 이현경 님, 바쁜 척 하느라 많은 시간을 함께 해주지 못했음에도 너무 대견스럽게 커준 자랑스러운 딸 주연과 아들 승우에게 가장 먼저 이 책을 건네고 싶다. 또 경제부장 시절 분노의 시대 기획을 위해 밤낮으로 고생해준 후배 기자들을 포함해 매일경제 동료들에게 고마운 마음 다시 전한다.

매일경제 증권부장

서정희

• 머리말 4

Part 1 ┃ **다함께 새희망의 시대**

• 제3차 30년 전쟁이 시작됐다 23

• 알파 에러를 즐겨라, 그래야 창조경제 싹튼다 31

• 그레이존을 바로 세우면 나라가 바로 선다 38

• 한국인도 금융 DNA 있다 – 견선여기출〔見善如己出〕 43

• 감독당국이 일류가 되어야 금융회사가 일류 된다 48

• 모피아 공무원과 금융감독원을 합쳐라 57

• 민주주의와 자본주의, 서로에게 묻다 64

• 2013년체제와 2018년체제의 조건 70

• 지옥을 믿어라, 성장률이 올라간다 76

• 스티브 잡스형·맹자형 리더십을 찾아라 81

• 대충 그리면 망친다, 시장을 디테일하게 설계하라 88

• 근소한 차이〔마지널〕까지 존중받는 게 시장경제다 94

• 진정한 보수주의와 진보주의가 만나는 곳 99

• 호주 금융 왜 강해졌나 103

• 18대 대통령 당선자께 108

Part 2 | 분노의 시대

- 한국인의 분노엔 남다른 이유가 있다 — 115
- 분노의 진화, 양극화에서 저성장으로 — 119
- 가라앉을 위험, 뒤집힐 위험 — 123
- 5년 단임 대통령제가 경제를 망친다 — 129
- 포퓰리즘정책에도 족보가 있다 — 136
- 갈 곳 잃은 돈이 길을 묻다 — 142
- 과잉보호 패러독스 — 147
- 문 앞의 야만인들 — 151
- 정부 반대로만 하면 되나요 — 156
- OECD 가입과 G20 개최가 불러온 파국 — 160
- 특보와 공무원의 패싸움 — 167

Part 3 | 거품의 시대

- 달러를 움직이는 워싱턴 사람들 — 175
- 부동산 광풍의 비밀 – 토지보상비 100조 원 — 194
- 위기를 부르는 '같기도' 한국 경제 — 198

- 글로벌 '쩐의 전쟁'이 온다 **202**

- 시장의 지배자 베이비 붐 세대 **206**

- 세계는 지금 청년실업 중 **211**

- 미국, 비만과의 끝나지 않는 전쟁 **216**

- 20만 달러짜리 귀빈실 **221**

Part 4 | 위기의 시대

- 대한민국, 액션플랜을 짜라 **227**

- 글로벌 경제대전서 승리하려면? **232**

- 이제 수술동의서를 씁시다 **236**

- 어중간한 정책이 위기를 키운다 **241**

- 누가 '쏠림'을 부추기는가 **245**

- 중기(中期) 개혁과제에 올인하라 **250**

- 경기 회복 조짐이 보인다고? **254**

- 우리를 불안하게 하는 것들 **258**

- '인디언 서머'의 본뜻을 아시나요 **263**

- 좌파 정부와 우파 정부 사이 **268**

- 한 번은 비극, 또 한 번은 희극? **273**

Part 1

다함께 새희망의 시대

“제1,2차 세계대전(1914-1945)을 관통하는 이 책은
유럽에서 일어난 또 하나의 30년 전쟁(Thirty Years' War)을 다루고 있다”

윈스턴 처칠(1948), 폭풍우가 닥치고(The Gathering Storm), 서문

제3차 30년 전쟁이 시작됐다

윈스턴 처칠(1948년), 《폭풍우가 닥치고(The Gathering Storm)》, 서문

지난 100년은 미국의 세기였다. 현대 자본주의의 심장이랄 수 있는 미국에서 2008년 경제위기가 발발했다. 그리고 5년이 지났다. 지금 우리는 어디를 향해 가고 있는 것일까.

사실 2008년 위기는 일찍이 예고된 것이었다. 글로벌 불균형(Global Imbalance)이 갈수록 확대되고 있었기 때문이다. 분수에 넘친 소비와 군사비 지출로 인해 미국의 재정적자는 눈덩이처럼 불어난 반면 중국을 비롯한 아시아 국가들엔 경상수지 흑자가 끝없이 쌓여 가고 있었다. 이런 구조는 어차피 지속 불가능한 것이었다.

그런데 문제라는 게 늘 그렇지만 해법이 없거나 아주 어렵다는 게 진짜 문제다. 미국의 과잉소비가 불러 온 세계 자본주의의 과잉생산이라는 근본적 잘못을 쉽사리 바로잡을 방법이 없다. 그러다 보니 해법 아닌 해법이 동원된다.

세계 최고수 경제학자들이 즐비하다는 미국도 다를 바 없었다. 미국 중앙은행인 연방준비제도이사회(FRB)가 내놓은 처방을 보자니, 말이 양적완화지 발권력을 동원한 무제한 통화 방출에 다름 아니다. 과거 1, 2차 양적완화가 시한에 임박해 시장 불안을 가중시키는 부작용을 노출하자 3차 양적완화(QE3)에선 아예 시한마저 없애 버렸다.

글로벌 위기 후 세계 경제정책을 진두지휘해 온 건 벤 버냉키 미국 연준의장이다. 1929년 대공황 당시 긴축정책이 상황을 오히려 그르쳤다는 그의 연구대로 2008년 글로벌 위기 후 각국은 G20(주요 20개국) 공조 하에 확장적 재정·금융정책을 펴 왔다.

그러면 글로벌 경제의 향후 5년은 어디를 향할까. 지난 5년처럼 국제공조가 순조로울까. 1929년 대공황 당시를 돌이켜보면 시사점이 보인다. 그땐 주식시장 대붕괴 후 3~4년이 지나면서부터 곧바로 나라별 경제 성적이 현격하게 갈리기 시작했다. 당시 금본위제를 일찌감치 이탈하고 나선 일본과 덴마크, 스웨덴 등이 이른 경기 회복에 들어선 반면 금본위제를 고수한 프랑스, 네덜란드 등은 오랜 기간 힘든 나날을 보내야 했다.

역사는 반복되지만 다소 다른 모습으로 재현된다. 그동안은 대공황을 교훈삼은 국제공조가 효력을 발휘해 왔다면 이제 그 약발이 조금씩 효력을 다해 가고 있다. 지금은 자기 나라 표심에 따라 세계 각국이 서서히 제 갈 길을 가고 있다.

리퍼블리컨(Republican, 공화당원)으로 통하던 버냉키가 재정절벽을 경고하는 공화당을 외면하고 유동성 확대에 나서자 일본도 행동에 나서기 시작했다. 민주당 대표 재선임에 성공한 노다 총리가 일본의 환율방어를 위한 양적완화에 돌입하더니 2013년 출범한 자민당의 아베 정권은 아예 정권 생명을 걸고 엔화 환율을 높여 자국산 수출품의 경쟁력 높이기에 혈안이다. 70엔대까지 내려갔던 달러 대비 엔화 환율이 90엔대를 훌쩍 넘어 100엔을 넘나들고 있다.

그렇다고 일본의 엔저정책이 미국과도 한 판 붙겠다는 식의 선전포고는 아닌 듯하다. 오히려 미국의 용인 아래에서 치밀하게 준비·진행되고 있다고 보는 게 옳다. 일본의 엔저에 미국이 상대적으로 잠잠한 것이나 유럽이 다른 때에 비해 큰소리까진 안 내는 것이나 모두 다 이유가 있어 보인다. 심지어 국제 금융계 일각에선 이번 엔저를 두고 일본이 미국 사주에 의해 대신 총대를 멘 4차 양적완화(QE4)라는 말까지 나온다.

눈을 크게 뜨고 세계를 둘러보라. 양적완화의 원조는 미국이고 그 다음이 유럽이다. 유로존은 유럽중앙은행을 통한 사실상 무제한 구제금융으로 재정위기를 한 풀 꺾었다. 여기에 일본이 가세하고 있다. 달러당 80엔까진 참더니 엔화 환율이 70엔대로 추락하자 뛰쳐 나왔다.

돈을 최대한 풀어 대는 양적완화정책을 아무나 할 수 있는 건 아니다. 달러 같은 기축통화나 유로, 파운드, 엔 등 주요 결제통화만이 누릴 수 있는 특권이다. 큰 비용 안 들이고 엄청난 영향을 미치니 소위 국제 씨뇨리지(Seigniorage) 효과가 쏠쏠하다. 흥미롭게도 이번에 돈을 마구 찍어 내고 있는 나라들을 보면 하나같이 결제통화 화력을 가진 소수 특권 국가들이다. 만약 한국이 돈을 마구 찍어 낸다고 해보자. 세상은 눈 하나 깜짝 않는다.

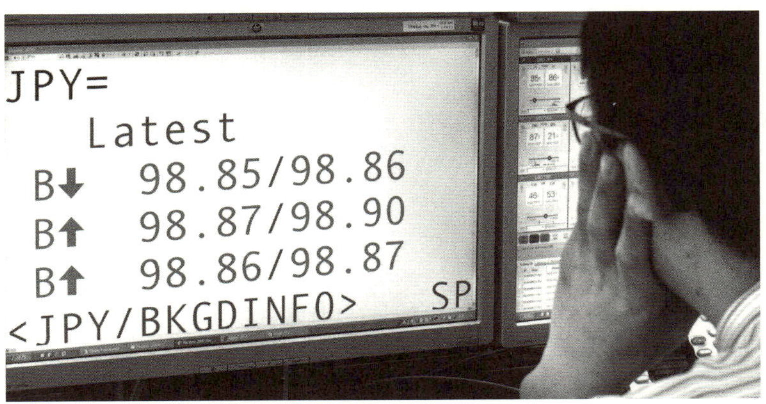

달러대비 엔화 환율이 전광판에 나오고 있다.

그렇다면 미국과 유럽, 그리고 일본, 그들은 지금 엔저에 대해 어떤 계산을 하고 있을까. 여기서부턴 눈을 더 크게 떠야 한다. 2008년 글로벌 위기 발생 후 세계를 지탱해주고 있는 건 미국 국채다. 그리고 이 미국 국채의 대부분을 중국이 소화해준다. 과거 미국의 절친이었던 유럽은 이제 미국 국채를 사줄 여력은커녕 자신들도 채권 소화를 위해 중국에 손 벌리는 신세다. 이렇듯 미국과 유럽 국채를 양손에 견주게 되면서 중국이 칼을 쥐는 셈이 됐다. 미국으로선 용납하기 힘든 현실이다. 미국이 계속 칼을 쥐려면 중국의 과도한 레버리지를 완화해야 한다. 이것이 일본의 엔저를 용인해준 미국의 밑바닥 속내다. 결국 중요한 것은 향후 중국의 대응이다.

이 게임의 결말? 누구도 모른다. 다만 역사의 교훈을 조금 빌면 갈 길이 멀다. 영국의 철혈 재상 윈스턴 처칠이 이런 말을 한 적 있다. 20세기 초·중반의 세계 1, 2차 세계대전은 마치 중세 유럽의 30년 전쟁처럼 서로 연결된 거대한 전쟁의 일환이라고. 20세기 들어서며 본격화된 식민지 경영 충돌이 제1차 세계대전을 일으켰다면, 그 과정에서 퇴적된 경제구조의 불안정성이 시간을 두고 해소되기는커녕 오히려 증폭돼 터져버린 전쟁이 제2차 세계대전이다.

혜안이 번뜩이는 윈스턴 처칠의 언명처럼 대공황 전후 제1, 2차 세계대전기간도 한번 내딛은 발걸음이 마무리되기까지 30년이라는 긴 세월을 필요로 했다. 제1차 세계대전의 후유증으로 대공황이 발발한 이후에도 새로운 안정까진 수많은 우여곡절을 거쳐야만 했다. 가장 먼저 금본위를 이탈한 영국과 일본(1931년), 가장 늦게 평가절하를 단행한 프랑스(1936년)의 희비가 갈렸고, 그 후론 보호무역주의와 대립적 통화동맹으로 세계 각국이 갈라서고 또 대치했다. 20세기 초에 시작된 패권 다툼도 결국 1944년 브레튼우즈체제라는 새로운 체제가 탄생된 뒤에야 안정을 되찾았다. 새로운 세력 판도에 맞는 새로운 질서가 잡히기까지는 어차피 적잖은 시간이 걸리는 것이었다.

이번에도 마찬가지일 것이다. 새로운 균형을 찾기까지 환율전쟁, 통상마찰, 유로존 붕괴, 국지전 발발 등 어느 것 하나 가상 시나리오로서 불가능할 게 없다. 제3차 30년 전쟁이라고 해도 과언이 아닐지 모른다.

여기서 흥미로운 점은 앞으로 희생의 제물이 될 나라가 당초 분수에 넘치게 흥청거리며 위기 원인을 제공했던 미국이나 유럽이 아닐 수 있다는 점이다. 어쩌면 허리띠를 졸라매 온 아시아가 그 표적이 될 가능성도 배제할 수 없다. 역사의 법칙이라는 게 늘 그런 식이었다. 도발 타이밍은 미국 민주당이 집권한 연임 행정부의 2, 3년차 때가 가장 가능성이 높다는 게 정설이다. 그게 과거 역사의 교훈이다. 재집권한 버락 오바마 행정부의 2013년이나 2014년의 움직임에 촉각을 세워볼 만한 이유다.

그렇다면 우리는? 하필 우리는 새 정부 출범에 맞춰 다시 환율 고민에 빠지고 있다. 노무현 정부를 제외하면 과거 매 정부가 그랬다. 섣부르거나 외눈박이 사태 파악은 실패를 자초한다. 환율정책에서 첫 단추를 잘못 꿴 탓에 임기 내내 기를 펴지 못한 이명박 정부처럼. 우리가 단기적 환율전쟁에 매몰돼선 안 되는 이유이기도 하다. 위기가 오는 줄도 모르고 수출경쟁력을 챙긴다며 원화가치를 인위적으로 낮췄다가 위기 엄습과 함께 제 발등 찍은 게 이명박 정부다. 이럴 때 먼저 움직이는 건 우리 패만 노출하는 격이다. 대신 토빈세든 뭐든 단기적 환율 변동성 축소에 힘쓰는 게 중요하다. 또 환율만 보지 말고 경상수지 추세, 중국, 일본과의 주요 품목 경쟁력 등 실물지표를 함께 챙겨야 한다.

환율전쟁은 이제 금융전쟁이 아니다. 외교, 국방이 모두 망라된 패권전쟁이다. 어차피 새로운 균형은 국제 금융체계 개편과 국제 분업구조 재조정을 거친 뒤에나 가능하다. 그렇다면 미국, 중국, 유럽, 일본 등 열강이 펼치는 힘겨루기에서 우리의 최적 포지셔닝은 무엇인가. 큰 틀의, 정확한 고민이 필요한 시점이다.

손자병법을 관통하는 핵심 화두로 이런 게 있다. 임시제의(臨時制宜), 시공을 초월해 최적의 솔루션을 찾는 일이다. 향후 5~10년을 어떻게 보내느냐에 향후 대한민국의 50~100년이 걸려 있다. 이를 꿰뚫어보는 경세가(經世家)가 곳곳에 포진해야 하는 이유다. 그런데 우리의 현실은 과연 어떤가?

씨뇨리지(Seigniorage)

화폐 발행을 통해 부과하는 세금을 일컫는다. 어원은 금속 주화를 발행할 때 그 주화의 실질가치와 표면가치 사이의 차이를 어떻게 처리할 것인가에서 유래했다. 과거 금본위제 때 정부가 금화를 발행해 처음 유통시키기 전에 다량의 금화를 자루에 넣은 뒤 마구 흔들어 금화 모서리의 부스러기를 떨어 냈는데, 이 부스러기를 정부의 주조세로 간주한 것이다.

거시경제학에서 화폐의 주조세는 인플레이션 조세로 취급된다. 현대 글로벌 경제에서 미국이 달러를 마구 찍어 낼 경우 달러 가치가 떨어지면서 미국이 가진 달러 부채의 가치가 낮아지는 효과가 발생하는 것도 마찬가지 효과다.

30년 전쟁(Thirty years' War)

1618년 신성 로마제국의 페르디난트 2세가 보헤미아의 개신교도를 탄압한 것에 대해 개신교를 믿는 보헤미아의 귀족들이 반발해 일어난 전쟁이다. 1648년 베스트팔렌조약으로 전쟁이 끝났다. 독일을 중심으로 로마 가톨릭 교회를 믿는 국가들과 개신교를 믿는 국가들 사이에서 벌어진 종교전쟁이다.

알파 에러를 즐겨라,
그래야 창조경제 싹튼다

우리 시대의 지도자 역할이 여기에 있다. 죽을 것과 살 것이 구분되는 건전한 생태계를 복원해 이 분노를 다스리는 것이다. 박근혜 정부가 내걸고 있는 창조경제도 여기에서 시작된다.

외환위기가 발발한 지 벌써 15년이 지났다. 1997년 11월 21일 국제통화기금(IMF)에 구제금융을 신청함으로써 시작된 외환위기체제가 만 15년을 넘기는 사이 우리는 1997년 말 선거를 빼고도 벌써 세 번의 대통령 선거를 치루었다.

노무현 대통령 임기 말 이런 논쟁이 벌어진 적 있다. 김대중, 노무현 대통령이 집권한 좌파 집권 10년을 어떻게 평가할 것이냐를 놓고 우파와 좌파가 전혀 다른 주장을 편 것이다. 우파에선 일본의 잃어버린 20년에 빗대 '잃어버린 10년'이라고 꼬집은 반면 좌파는 당시 노무현 대통령의 "잃어버린 게 있으면 신고하라, 찾아주겠다"는

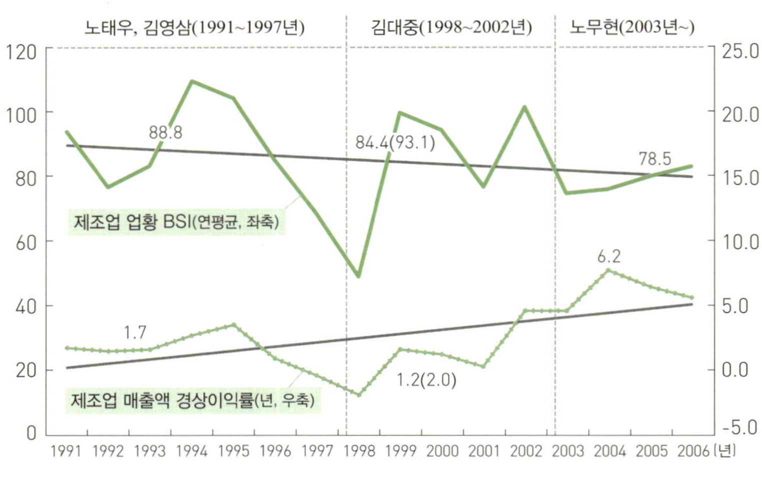

지적처럼 우파 주장을 정면으로 맞받아쳤다.

그러면 어느 쪽 주장이 타당할까. 이런 관점에서 1997~2007년을 되돌아보기에 좋은 그래프 두 가지가 있다. 하나는 소위 기업 마인드를 보여주는 제조업 업황 실사지수(BSI)고, 다른 하나는 기업 수익성 지표의 하나인 제조업 매출액 경상이익률이다.

장기 트렌드로 볼 때 경상이익률은 2000년대 중반 이후 한계에 봉착한 모습이지만 외환위기를 계기로 분명 상승 커브를 그렸다. 김대중 정부 평균이 1.2%였던 반면 노무현 정부 평균은 6.2%에 달한다. 반면 업황 실사지수는 들쭉날쭉 하지만 장기 하향 추세를 보이며 여전히 뚜렷한 개선 조짐을 보이지 않고 있다.

흥미로운 일은 동일한 기간에 대해 양쪽이 서로 다른 그래프를 들이대며 자기 편한 대로 주장을 펼 수 있다는 점이다. 잃어버린 10년을 들먹이는 쪽에선 업황 실사지수를 근거로 제시한다. 그러면서 그래프가 장기 하향 추세를 보이는 건 기업인들의 기업하고 싶은 마음이 예전만 못하다는 걸 의미한다고 주장한다. 그러나 잃어버린 게 있으면 신고하라, 찾아주겠다는 쪽에선 실제 경상이익률이 올라갔음을 제시하며 반론을 편다. 실제 이익이 예전보다 더 많이 나고 있는데 뭐가 나빠졌냐며 억지소리 하지 말라고 호통을 친다.

그러면 이 두 가지 그래프를 두고 달리 해석할 여지는 없는 것일까. 예컨대 경상이익률이 반등했다고 해서 이 기간에 기업들 돈벌이가 무조건 나아졌다고 단정할 수 있을까. 사실 꼭 그렇지는 않고 다른 해석도 가능하다. 외환위기 이후 재무건전성을 강요받은 기업들로선 부채비율을 끌어내려 금융비용을 줄여야 했었다. 그래서 400%를 넘어서던 대기업 부채비율이 100% 수준까지 내려갔다. 이러니 금융비용을 감안한 경상이익률이 자동으로 올라가는 건 당연했다.

실사지수도 마찬가지다. 외환위기를 당한 가슴이기에 위험을 기피하려 든 것은 어찌 보면 당연했다. 여기에다 김대중, 노무현 두 정부의 일부 좌파적 정책도 투자 위축엔 적잖은 영향을 미쳤을 수 있다. 그렇다고 이를 기업 전반의 비즈니스 마인드 위축으로 곧바로 연결 짓는 건 옳지 않을 수 있다. 사회적으로 반기업정서가 상당히 고조된 기간이므로 그만큼 기업 마인드 위축이 과장되게 반영됐을 가능성이 크다. 이에 비하면 실제 통계로 잡힌 실사지수 하향 폭이 대단히 미미하기 때문이다. 사회현상이라는 게 다 그렇지만 양지가 있으면 그늘이 있다. 좌파 정부 10년을 두고 한마디로 뭐라 단정 짓는 것은 이래서 어렵다.

이처럼 엇갈린 평가가 있지만 지난 15년간 외환위기가 재발하지 않은 것(2008년 글로벌 금융위기 여파로 우리 경제도 큰 고생을 했다. 하지만 세계 모든 나라가 위기를 경험한 이때를 두고 한국 경제가 외환위기를 다시 겪었다고 보는 건 곤란하다)에 대해선 모든 이들이 축복으로 느끼며 감사하는 마음을 가질지 모른다. 한 번 외환위기를 당한 나라가 다시 외환위기를 겪을 가능성은 연구 결과에 따라 무려 35~48%에 달한다는 수치가 있다. 이러니 한국 경제가 그 사이 제대로 된 위기를 다시 겪지 않은 것만도 축복이라면 축복이다.

그러나 과연 그럴까. 위기만 없으면 무조건 감사할 일인가. 외환위기 재발 억제에 최우선을 두어 왔던 사이, 우리도 모르게 무언가 잘못 돌아가고 있었던 것은 없을까.

좌파 정부 10년 이후 다시 이명박 정부 5년이 지났다. 그러나 이 5년이 그 이전의 10년과 비교해 큰 차이를 만들어 내진 않았다. 2008년 글로벌 위기 탓에 당초 마음먹은 대로 우파 정권의 색깔이 묻어 나는 정책을 충분히 펼치지 못한 때문일 것이다. 이런 관점에서 보면 우리 경제는 여전히 외환위기 이후 굳어진 위기대응체제에서 아직 벗어나지 못하고 있다고 봐도 무방할 듯하다.

문제는 외환위기 대응 과정에서 생긴 위험 기피적이고 방어적인 사고방식과 행태가 오래 지속된 탓에 시장과 경쟁 대신 새로운 구조악이 싹튼 게 아니냐는 점이다. 주위를 둘러보면 그런 흔적들이 사회 구석구석에 만연하다. 대기업들이 재무구조 개선에만 관심을 두니 대기업 납품에 목매는 중소기업으로선 언제 닥칠지 모를 납품가 후려치기에 조용히 숨죽인 채 강파른 비탈 위 경영을 할 뿐이다.

위험을 기피할지언정 위험 회피에 따른 후생 감소를 솔선해 떠안을 바보는 없다. 위험 기피로 인해 불가피하게 떠안은 후생 감소에 대해선 철저하게 내가 아닌 남에게 그 부담을 전가시키려는 이기심이 횡행하고 있다. 이처럼 교묘한 기법으로 힘없는 자에게 불이익이 전가되는 시장 실패가 암암리에 확산되고, 이는 양극화 확대로 돌아왔다. 기업만이 아니다. 위기 발발 당시 비등했던 정부책임론은 온데간데없고 어느새 '큰 정부'가 득세했다. 노조도 자기 밥그릇 지키기 위한 제방 쌓기에는 조금도 뒤짐이 없었다.

외환위기 재발방지용 비용으로 우리에게 청구되고 있는 계산서는 이제 3,000억 달러의 외환보유액을 유지하는 데 드는 기회비용만이 아니다. 재무건전성을 확보하는 대신 잃어버린 우리 경제의 역동성, 그 과정에서 파괴된 경제의 선순환구조와 성장잠재력 등도 청구서에 포함해야 한다.

이런 생태계에선 모든 구성원이 자신의 생존을 사회에 강요한다. 힘 있는 기득권 집단일수록 더 심하다. 재벌이든 노조든 혹은 교육자나 의사, 약사든 예외가 없다. 이러니 일감 몰아주기가 횡행하고 철밥통들이 깨지지 않는다. 리스크를 진단해 분담하는 일을 고유의 업으로 삼고 있는 은행들이 나날이 철밥통으로 전락해 가는 이유도 이 같은 위험기피적 생태계 때문이다. 은행이 망하면 위기가 재발할지 모른다는 공포감을 무기로 해서 거꾸로 사회를 협박한다.

위기에 익숙해진 생태계는 리스크 회피적으로 변해 방어적 실패학습의 오류를 탐하는 경향이 있다. 통계학으로 말하자면 흔히 알파 에러보다 베타 에러를 즐긴다 할 수 있다. 코 앞의 악천후를 적극적으로 짚어내지 않은 탓에 국민적 비난을 한 몸에 받은 뒤의 기상청 예보 패턴이 흔히 이와 엇비슷하다. 어느 해인가 그 해 여름 역사적 폭우가 내린 뒤부턴 비가 올 듯 말 듯 판단이 어려운 주말이면 늘 비가 온다는 쪽으로 예보를 내놓곤 했던 것과 마찬가지 이치다.

더 이상 이런 방어적 행태만으론 글로벌 위기 속에 벌어지는 국가 경쟁에서 살아남기 어렵다. 이럴 바엔 외환위기를 다시 겪는 한이 있더라도 우리 사회를 과감하게 움직이도록 해야 한다. 비가 안 올 것 같으면 용감하게 날이 맑을 것이라고 예보해야 한다. 혹시 비가 내려 알파 예측 에러를 범하는 한이 있더라도. 그래야 우산을 준비하는 대신 운동회도 하고 공장 기공식도 열 것 아닌가. 우리 시대의 지도자 역할이 여기에 있다. 죽을 것과 살 것이 구분되는 건전한 생태계를 복원해 이 분노를 다스리는 것이다. 박근혜 정부가 내걸고 있는 창조경제도 어찌 보면 바로 여기에서 시작하는 것이라고 볼 수 있다.

알파 에러·베타 에러

통계학에서 가설을 검증할 때 발생할 수 있는 오류를 지칭한다. 타입1 에러로도 불리는 알파 에러는 진실인 가설을 받아들이지 않고 거부함으로써 생길 수 있는 오류고, 타입2 에러로 불리는 베타 에러는 반대로 거짓인 가설을 거부하지 않음으로써 발생하는 오류를 일컫는다.

예컨대 늑대가 나타나지 않을 상황임에도 불구하고 두려운 마음에 늑대가 왔다고 능동적으로 잘못된 알람을 작동시키는 오류가 알파 에러다. 베타 에러는 반대로 늑대가 나타날 수 있는 상황임에도 불구하고 늑대가 나타나지 않을 것이라는 당초 가설을 거부하지 않고 알람을 작동하지 않음으로써 발생하는 오류다.

위기에 익숙해지면 리스크를 가급적 피하려는 관성이 생겨 능동적인 판단에 기인한 오류보다는 방어적이고 수동적인 결정에 따른 오류를 반복하는 경향이 있다.

그레이존을 바로 세우면
나라가 바로 선다

박근혜 대통령, 2013년 3월 11일 첫 국무회의에서
새 정부 공공기관 인사기준 제시

우리나라에서 벌어지는 중요한 문제의 대부분은 지배구조 문제와 연결돼 있다. 지배구조 문제란 불명확한 상하 종속관계나 소유관계 등으로 인해 의사결정 과정에서 다툼이 끊이지 않는 것을 말한다. 이명박 정부에서 벌어진 금융지주들의 회장 선임 다툼 혹은 공기업 사장과 사외이사에 대한 낙하산 인사 논란 등이 모두 이 문제에 속한다.

물론 어느 나라, 어느 사회건 지배구조 문제는 있다. 그래서 우리만의 문제는 아니더라도 유독 우리가 이 문제에 약한 것은 사실이다. 주위를 둘러만 봐도 지배구조 문제로 볼 수 있는 사례가 즐비하다. 왜 그럴까. 이것도 봉건적 잔재인가. 우리 사회가 발전·변화하는 속도가 너무 빨라 이를 지탱할 제도와 구조가 그 속도를 못 따라가서 생긴 괴리 현상은 아닐까.

동·서양을 막론하고 근대 역사는 자본주의의 발전과 함께 공공 부문이 끊임없이 민간 영역으로 전환되어 온 역사다. 현재 민간 영역으로 되어 있는 많은 부분이 예전엔 공공 부문이었다. 지금도 이 전환 과정은 계속되고 있다. 순수하게 정부 영역이던 것이 공공의 영역이나 소위 '반관반민' 정도의 영역에 와 있는 사례가 있고 거의 민간 영역에 가까이 온 것도 있다.

순수 정부 영역에서 완전한 민간 영역으로 넘어가는 과정에는 그 중간 과정, 즉 정부도 아니고 민간도 아닌 그레이존(Grey Zone)을 일정기간 거치게 된다. 한국 사회의 문제는 이 영역이 너무 비대해지고 있고, 이 기간이 너무 길어진다는 점이다. 아마도 남들 100년 거친 일을 단기간에 해치우다 보니 한꺼번에 많은 영역이 그레이존으로 분류되는 일이 생겼을 것이다.

구분도 다양하다. 정부기관이 있고 준정부기관이 따로 있다. 여기에 공공기관이 있고 공기업이 따로 있다. 이 가운데 일부인 공공기관만 따져도 우리 경계에서 차지하는 비중이 만만찮다. 순자산가치가 195조 원(2011년 기준)이고 기관 수는 288개, 총 부채 규모는 463조 원(2011년 기준)이다.

물론 그레이존이 무조건 나쁘고 단점만 있는 건 아니다. 그레이존에선 준칙(Rule)과 재량(Discretion)이 동시에 활발히 작동한다. 좋게 보면 한국적 다이너미즘이 가진 힘의 원천이기도 하다. 시간이 흐르면 흐를수록 그레이존이 줄어드는 게 순리지만 역사적 상황이나 경제 상황에 따라서 그레이존이 늘었다 줄었다 할 수도 있다. 예컨대 대공황이나 글로벌 경제위기 등 커다란 격변이 벌어지고 나면 공공 부문이나 준정부 부문이 역으로 넓어지는 경향이 있다. 그러다가 다시 경제가 정상 궤도로 진입하면 그레이존이 줄어들게 된다. 긴 역사의 흐름으로 보면 이 같은 사이클이 계속 반복되는 모습이다.

문제는 반동이다. 일정한 기간이 지나면 서서히 민간 영역으로 퇴장해야 할 그레이존이 '누군가에 의해' 계속 그레이존으로 온존한다. 그레이존이 새로운 주인을 찾기까지 이를 관리할 역할을 맡은 중간층 마름, 대리인이 그들이다. 빠른 산업화가 광범한 그레이존의 기본 배경이라지만 우리 사회엔 이처럼 모호한 지배구조를 선호하고 거기서 대리인 역할을 탐닉하는 사람들이 너무 많다. 이게 탈이다.

이를 뒤바꿀 방법은 없을까. 주인이 먼저 깨어야 한다. 그리고 하급 대리인을 탓하기 전에 그들의 전횡을 용인하고 이용하는 상층 대리인(최고권력층)의 도덕적 해이를 먼저 볼 줄 알아야 한다.

서둘면 일만 틀어질 뿐이다. 현실적 대책들이 나와야 한다. 그레이존을 줄이는 일도 핵심은 인사고 특히 권한과 책임을 명확히 하는 게 정수다. 대통령이 임명하거나 임명에 영향을 미칠 수 있는 유관 기관 자릿수는 3,000개, 여기에 임원 등 그 대상을 '넓게 보면' 그 수는 이보다 훨씬 많다. 7,000개가 넘는다는 얘기가 있는가 하면 1만 개가 훌쩍 넘는다는 설명도 있다. 여기서 '넓게 보면'이라는 말을 쓴 이유는 형식과 실제가 다르기 때문이다. 실상은 대통령이 임명하는데 형식은 공모제로 돼 있어 마치 대통령이 임명권을 행사하지 않는 것처럼 보이는 자리들이 많다. 그야말로 눈 가리고 아웅 식이다.

공모제의 경우 최종적으로 청와대에 복수의 후보자를 추천하게 되는데, 이때 추천권을 가진 곳에선 자기 판단을 우선할지 아니면 대통령 뜻을 먼저 살필지 헷갈릴 수 있다. 우리 주위엔 이런 자리들이 너무 많다. 사실상 대통령 뜻에 따라 인사가 이뤄지는 자리라면 아예 제도를 그렇게 바꾸는 게 선진적이다. 그러지 않고 공모제를 지금처럼 유지하려면 세부 원칙을 손볼 필요가 있다. 청와대에 올리는 기관장 후보를 3~5배로 뽑는 것은 공모제를 무력화시킬 뿐이다. 이를 2배 이하로 줄여 후보 추천의 실효성을 높이고 후보추천위원회가 정한 후보자 순위를 청와대가 뒤바꿔 임명할 때는 반드시 합당한 이유를 제시하도록 해야 한다.

모호성 탓에 사단이 난 경우도 있다. 이명박 정부에 들어서며 공공기관에서 민간기관으로 분류가 바뀐 적이 있는 한국거래소가 그랬다. 임기만료로 인해 이사장을 새로 선임하는 과정에서 청와대가 염두에 둔 후보가 최종 선임되지 못하는 사건이 발생했던 것이다. 기관분류 변경과 무관하게 정부는 거래소를 여전히 낙하산 인사가 가능한 공공기관으로 생각하고 있었는데, 일부 순진한 사람들이 정부 허락도 없이 이사장 욕심을 내는 착각을 범했던 것이다. 결국 철없는(?) 그 이사장은 옷을 벗을 수밖에 없었고, 정부는 한국거래소를 다시 공공기관으로 지정하는 것으로 보복을 대신했다. 이럴 바엔 처음부터 민간기관으로 분류를 바꿀 하등의 이유가 없었다.

제도를 제도답게 만드는 일도 중요하지만 그 제도의 주인이 될 세력을 일찌감치 형성해주는 일은 더 중요하다. 공기업이든 금융지주든 혹은 포스코나 KT처럼 이미 민영화가 완료됐음에도 불구하고 정부 눈치를 보고 있는 곳이든 대부분의 문제는 얼핏 인사 문제로 보이지만 궁극적으로는 소유구조 문제다. 이는 주인을 명확히 찾아주면 사라질 문제들이다.

정부·준정부기관·공기업

공공 부문은 크게 일반정부와 공기업으로 양분할 수 있고 일반정부는 중앙행정기관, 지방자치단체, 준정부기관으로 구분된다. 다시 말하면 중앙행정기관과 지자체가 국가(Sovereignty)를 구성하고 여기에 준정부기관을 추가하면 일반정부(General Government)가 된다. 그리고 여기에 공기업을 더하면 공공 부문이 되는 것이다.

준정부기관과 공기업의 구분이 다소 모호한데 일반적으로 소유권에 의한 통제를 받으면 공기업, 소유권과 사업권 양자를 통해 이중통제를 받으면 준정부기관이다. 세부 원칙(ESA, 1995년)에 따르면 생산원가에서 매출액이 차지하는 비중이 50%를 밑돌만큼 낮은 가격으로 산출물을 공급하면 준정부기관으로 분류되며 그 비율이 50%를 넘으면 공기업으로 분류된다.

한국인도 금융 DNA 있다
– 견선여기출(見善如己出)

경제학자들은 모든 나라나 경제가 동일한 성장경로를 밟는
다는 수렴이론의 개념이 잘못된 것이 아니라는 결론을 내렸
지만 한 가지 전제조건이 추가되었다. 개별 국가들의 경제적
토대가 비슷하다는 조건이다. 이 경제적 토대를 구성하는 것
이 중요성은 쉽게 알 수 있지만 계량화하기란 매우 어려운
내재적인 요인들, 즉 딥 팩터(Deep Factor)다.

대니얼 앨트먼(2011년), 《10년 후의 미래》, p.31

김석동 전 금융위원장이 임기 중에 이런 말을 한 적 있다고 한다.
긴급 간부회의 자리였다는데, 애기인즉 은행들을 절대 믿지 말라며
자기도 은행에 세 번이나 속았다는 것이다.

이런 스토리다. 첫 번째는 외환위기 전야였던 1997년 초 재정경
제원 외화자금과장 시절. 3월 결산의 일본 은행들이 자금을 미리 회
수할 것을 염려했으나 은행 쪽에선 하나같이 단기자금은 물론 장기

자금도 이자만 조금 더 쳐주면 전혀 문제 없다고 했단다.

금융감독위원회 감독정책1국장 시절이었던 2003년 상반기 때도 카드위기가 걱정돼 은행의 외화자금 상황을 점검했는데 역시 문제없다는 보고만 돌아왔다. 사태는 이미 국책은행조차 차입이 쉽지 않은 쪽으로 기울고 있었는데도 말이다. 세 번째로 속았다는 2007년 4분기 재정경제부 차관 시절 때도 비슷한 에피소드다.

김 전 위원장의 일갈을 두고 일각에선 정작 책임을 져야 할 정책당국자가 그 책임을 일선 은행에 떠넘기는 언사라고 비판하기도 하지만 나는 그의 말을 이런 꼼수에서 비롯된 것이라고는 보지 않는다. 그의 쓴소리 이후 은행들이 보여준 한심한 행태를 보자면 오히려 김 전 위원장이 새삼 옳았다는 생각마저 든다. 당시 김 전 위원장의 호통이 떨어지자 은행들은 허둥지둥 해외로 달려가 달러 자금을 추가로 들여오더니 이를 활용할 곳이 없어 역마진을 감수한 채 다시 미국 국채에 투자하는 웃지 못할 상황을 연출했다. 정말 가엽다 못해 역겨운 일이다.

은행만 생각하면 마음이 답답하다. 특히 미국과 유럽 재정위기가 다시금 금융위기로 전환되는 날이 온다면 우리 현실은 그리 밝아 보이지 않는다. 지난 이명박 정부의 경제 실패도 곧 은행 실패에서 비롯된 거나 다름없다. 임기 초인 2008년 글로벌 위기가 닥치자 은행들이 한 게 뭔가. 기껏 비올 때 우산 뺏기 아니었던가. 이러니 될

시대가 바뀌어도 큰 변화를 찾아볼 수 없는 국내 은행의 일선 창구 모습.

일도 안 된다.

위기 국면이 조금 잦아든 뒤 보여준 행태는 더 가관이었다. 관치도 모자라 권치의 새 모델을 만들어가며 권력 쟁탈전을 연출했다. 1997년 외환위기를 겪어본 터라 은행을 신줏단지 모시듯 받들었고 국가 경제가 다 달려들어 살려 놨다. 그랬더니 자기들이 잘나서 그리 된 줄 안다.

은행은 금융권 안에서도 갑 중 갑이다. 부정 하도급에 기술 탈취까지 갖가지 불공정 행의는 제조업 대기업만의 단독 범행이 아니다. 다른 금융권도 마찬가지다. 부실 저축은행 사태도 그렇다. G20 정상회의 개최에 정신 팔려 수술이 늦춰지는 사이 은행이 부실 프로젝트 파이낸싱사업들을 하도급 저축은행에 속속 떠넘긴 탓도 크다.

대니얼 앨트먼이 《10년 후 미래》에서 중국 미래를 다소 어둡게 전망하면서 중국 '딥 팩터들(Deep Factors)'을 거론했다. 중국의 문화적 정신적 틀이 시장경제에 제대로 맞지 않는 측면이 있어 머잖아 중국이 미국을 추월할 것이란 예측은 잘못된 관측이라는 주장이다.

그러면 한국 은행들은 한국 미래에 어떤 딥 팩터로 작용할까. 한국은 역시 금융이 안 되는 걸까. 사촌이 땅을 사면 배 아파한다는 식의 자조적인 말에 힘없이 고개를 떨궈야 하는 건가. 지금까지의 분석과 전망은 밝지 않다. 그래도 찾아내야 한다. 한국인 몸속 어딘가 깊숙이 존재할지 모를 선진 금융의 유전인자(DNA)를. 한 치의 양보도 없는 국가 간 경쟁 시대에, 재정과 금융 모두 실탄을 소진해 가는 시대에, 결국 승자는 재정이든 금융이든 효율성을 높이는 쪽일 것이기 때문이다.

필자는 우리의 선비정신과도 연관이 깊은 명심보감의 한 대목인 '견선여기출(見善如己出, 좋은 일을 보면 자기 일처럼 기뻐한다)'에서 한국의 금융 유전인자의 단초를 찾고 싶다. 뱅킹, 은행이란 게 다름 아닌 성공할 비즈니스를 골라내고 이를 키우는 일이다. 좋은 일을 보면서 자기 일처럼 기뻐할 수 있는 정신이라면 그게 바로 뱅킹, 금융의 마음이다. 금융이란 게 서양의 전유물만은 아니다.

금융은 아무래도 안 된다는 패배감이 우리에게 있는 게 사실이다. 제조업은 돼도 서비스업, 특히 금융은 유대인이나 영어를 쓰는 앵글로 색슨 민족의 절대 비교우위 업종처럼 여겨져 왔다. 그러나 다시 생각해볼 필요가 있다. 누군가 새롭고 좋은 비즈니스 기회를 찾아냈을 때 그걸 제대로 평가해 자금을 파이낸싱 해주는 일, 그게 바로 금융의 본질 아닌가. 비올 때 우산이나 빼앗는 서양의 베니스 상인 샤일록에 오히려 대비되는 '새로운 단계'의 금융 인자가 일찌감치 한민족에겐 깊숙이 내재해 있었다고 자부하고 싶다.

견선여기출(見善如己出)

북송 때 학자인 장사숙의 좌우명에 나오는 구절로 명심보감 입교편 제9장에 기록돼 있다. 견선여기출(見善如己出)은 선한 일을 보면 마치 자기가 한 것처럼 기뻐해야 한다는 뜻이다. 이와 호응을 이룬 다음 구절이 '견악여기병(見惡如己病)'인데, 이는 나쁜 것을 보면 마치 자기가 아픈 것처럼 안쓰러워 해야 한다는 뜻이다.
이밖에 '일할 땐 반드시 계획을 세워 일해야 한다' 등 모두 14가지의 좌우명이 열거돼 있다.

감독당국이 일류가 되어야
금융회사가 일류 된다

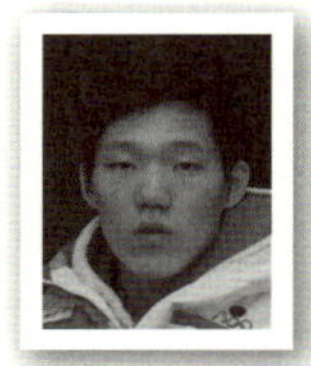

요즘 자세가 잘 안 되고 스케이팅이 무척 둔하고 이상한 느낌이 든다. 그래서 나도 모르게 스트레스를 받는 것 같다. 오늘 감독님이 참 좋은 말씀을 해주셨다. 기초부터 다시 시작하자고. 너희도 기초부터 다시 생각하고 정신 다시 차리라고! 기초. 기초(☆)가 제일 중요하다.

모태범, 초등학교 시절 일기장 중

한마디로 서프라이즈였다. 2010년 밴쿠버 올림픽에서 모태범, 이상화 선수 등이 전해 온 승전보는 정말 뜻밖이었다. 그 뒤 이상화 선수가 세계선수권에서 세계신기록을 세우며 기염을 토하는 모습도 가슴 뿌듯하다. 그러더니 2013년엔 이상화, 모태범 선수 모두 세계선수권 2연패의 위업까지 달성했다. 쇼트트랙도 아니고 우리와 제법 멀게 느껴지던 스피드 스케이팅에서 어떻게 이런 엄청난 성적을 내는 것일까.

누구는 우리 체격과 체력이 예전보다 좋아졌기 때문이라는 해석을 내놓는다. 또 누구는 '숏다리' 비법을 얘기한다. 피치 수가 많고 빠른 덕분에 단거리 스피드 스케이팅이 원래 우리에게 유리할 수 있는 종목인데 이걸 잘 하는 방법을 이제야 습득한 것이라는 풀이다.

무엇이든 좋다. 다만 이 대목에서 필자의 머리 속엔 한국 금융이 스쳐지나간다. 스피드 스케이팅처럼 선진국 독무대로 여겨지는 금융 분야에서도 혹시 한국이 세계와 어깨를 나란히 할 날이 올까.

한국인은 셈도 빠르고 서비스에도 밝은 편이니 금융업이 될 법도 한데 현실은 영 딴판이다. 은행 쪽만 보면 수십 년 전 '조-상-제-한-서' 하던 이름이 '국-신-우-하' 정도로 적당히 이합집산만 했을 뿐 나아진 것이라곤 별 게 없다. 글로벌시장에서 위기의 '위'자만 들려도 단돈 1억 달러도 제대로 빌려 오지 못하는 게 한국의 은행들이다.

소위 삼성전자 같은 초일류 기업이 한국 금융에선 왜 안 나오느냐는 자조가 나오는 것도 이런 맥락이다. 주변 여건만 보면 한국 금융에는 지금이 분명 기회다. 노령화 진행속도만큼이나 연기금이 빠르게 쌓여가고 있다. 돈·사람·제도 등 금융산업 3대 요소 중 종전과 비교해 달라진 것은 '돈'만이 아니다. 고급인재도 이제는 찾으면 제법 있고 제도 개선도 마찬가지다. 그동안 정부가 내놓은 수많은 금융 선진화 방안들만도 차고 넘친다.

삼성그룹의 한 금융사 CEO는 그 '기초'를 두 가지로 제시했다. 반도체 신화가 그랬듯이 최고경영자에게 5년 이상 충분한 여유를 주고 조급하게 실적을 묻지 말 것, 리스크에도 불구하고 계속 투자에 나설 수 있도록 사회적 지원여건을 만들어줄 것.

그가 제시한 두 가지 조건 가운데 전자는 동의하지만 후자는 동의할 수 없다. 개별 기업 리스크를 그 기업이 충분히 성장할 때까지 과거처럼 국가가 나서서 대신 짊어져 달라는 것인데, 이 방식은 더 이상 가능하지도 않을 뿐더러 요즘 얘기하는 '대마불사(Too-Big-To-Fail) 불가원칙'에도 맞지 않는다. 중요한 건 금융판 기업가정신(기초)이다. 이게 다져져야 금융판 삼성전자가 가능하다. 이게 안 되니 판을 바꾸고 또 바꿔봐야 한국 금융은 돈놀이 수준의 전근대적 대부자본 성격에서 못 벗어난다.

그러나 '기초'를 체화하는 일은 시간을 요한다. 이런 '기초'를 뒤로 물린 채 당장의 민영화다, 대형화다 하는 게 선진화에 얼마나 성과를 낼지 모르겠다. 긴 안목의 한국식 큰 밑그림이 없는 것 같아 아쉽다. 퇴직연금 적립을 법으로 강제해 자산운용사를 키우고 국내 은행 간 합병 금지로 해외진출을 유도한 신흥 금융강국 호주가 돋보이는 이유다.

　이런 판국인데 눈을 돌려 한국 금융의 실상을 보면 한심하기 짝이 없다. 과거 개발연대를 돌이켜보면 '조상제한서'로 대변되는 은행은 정부 지시에 따라 대기업에 돈 대주는 곳이었다. 한마디로 금융이 정부에 지배당하고 실물에 철저히 종속된 시절이었다. 이런 수준의 금융이 갑자기 이름 바꾼다고 실력이 달라질까. 정부 지시에서 벗어나고 대기업 그늘에서 벗어났다고 해서 그들이 일류로 성장할 수 있을까. 기초가 있고 실력이 있다면 가능했겠지만 우리 은행들의 현실은 그렇지 못했다.

　저축은행의 몰락은 한국 금융의 수준을 한눈에 보여준다. 상호신용금고에서 족보를 바꿔 은행장 직함까지 써가며 한때를 풍미하던 그들이다. 그런데 2011년 말부터 드러나기 시작한 그들의 뒷모습은 너무 추하다. 밀항을 기도하다 운전사에게서 말이 새는 통에 덜미를 잡히는가 하면 가짜 통장까지 동원해 고객을 후린 뒤 수백억 원을 들고 튄 사례도 있단다.

　왜 이리도 망가져버린 것일까. 어차피 예정된 파산이었기에 그런 것일까. 우선 수술 시점을 놓쳐버린 탓이 크다. 주요 20개국(G20) 정상회의 개최를 염두에 두지 말고 2010년 혹은 늦어도 2011년 초에 수술을 했더라면 이렇지는 않았을 것이다.

　저축은행에 대한 씁쓸한 장송곡을 뒤로 하며 스치는 생각이 또 하나 있다. 저축은행의 사망을 통해 만약 얻은 쪽과 잃은 쪽이 있다면 거기는 어디일까.

우선 잃은 쪽은 서민이다. 저축은행이 서민 금융기관의 위상을 스스로 외면하거나 잃어버린 지 이미 오래다. 하지만 그래도 10~20% 사이의 금리로 돈을 빌려야 하는 옹색한 사람들 입장에선 저축은행이 그나마 기댈 언덕 역할을 해준 게 사실이다. 그러나 앞으로 정말 갈 곳이 없다. 햇살론, 새희망홀씨 대출 등 눈치 빠른 정책당국의 변명식 아이디어가 켜켜히 쌓여 있지만 이는 그저 구색상품일 뿐이다. 이러니 대부업체가 판을 치고 불법 사금융이 서민들의 빈주머니를 노린다.

그러면 반대로 눈에 안 보이게 이득을 챙긴 쪽은 어딜까. 은행들이다. 위기가 오면 은행은 신주단지가 된다. 1997년 외환위기를 겪은 뒤 이런 경향은 더 심해졌다. 2008년 금융위기가 찾아들자 어느새 은행은 다시 신주단지가 됐다. 이런 와중에 신한, KB 할 것 없이 서로 회장 자리 차지하겠다며 세상 모른 채 총질을 해댄 것도 대한민국 은행만의 희극이자 비극이다. 은행들은 프로젝트 파이낸싱(PF) 부실자산 처리에서도 저축은행 등 하위 금융사에 대해 우월적 지위를 맘껏 누렸다. 은행만 살지는 금융권 양극화가 갈수록 심해졌다.

이명박 정부가 시작될 무렵 세금과 재정의 계절이 저물고 금융의 계절이 열릴 줄 알았다. 외환위기로 금융이 망가진 김대중 정부나

2002년 카드대란의 원인도 선거를 앞둔 정치권 포퓰리즘과 관련이 있었지만 이명박 정부의
카드 수수료 논란도 실상은 정치권 포퓰리즘의 연장선상에 있었다.

카드대란 수습에 정신이 없던 노무현 정부는 금융보다 재정을 정책수단으로 주로 활용할 수밖에 없었다. 게다가 당시 잘나가던 관료도 세금과 예산 쪽 일색이었다. 반면 이명박 정부 들어서는 금융의 계절을 알리듯 금융관료들의 득세가 이어졌다. 그러나 결과는 정반대였다. 집권 직후 미국 리먼브라더스를 아예 사버리자며 호기를 부리더니 글로벌 금융위기가 찾아오자 꼼짝도 못하고 집안에서 싸움박질만 벌였고, 그 결과 실물과 금융의 간격만 더 벌어지고 말았다.

박근혜 정부에선 벌써부터 재정(세제, 예산) 쪽 얘기가 많다. 양극화 처방을 겨냥한 듯 19대 국회에는 재정 전문가들 입성도 눈에 띈다. 하지만 정작 일을 하려들면 세율 등 재정 쪽은 건드리기가 만만치 않다. 금융을 한 번 해보려다 거꾸로 금융에서 손 한번 제대로 못쓴 이명박 정부처럼 박근혜 정부도 재정에 관한 한 비슷한 운명이 될지 모른다.

대신 한 박자 늦은 스텝의 왈츠처럼 박근혜 정부에선 글로벌 금융위기 완화와 함께 다시 금융의 계절을 맞을 수도 있다. 재정여건이 만만치 않은 것도 금융을 활용해야 하는 중요한 배경이지만 우리나라 관료들의 특성도 그런 관측을 가능케 하는 요인이다. 우리 경제관료의 양대 산맥인 재정관료(경제기획원의 영어 약자를 따서 EPB 라인 이라 불린다)와 금융관료(모피아)는 각기 자기 곳간을 중시한다. 재정관료는 정부재정에 목메는 대신 금융에 대범한 반면 금융관료는 금융에 인색한 대신 재정에 너그러운 경향을 띠어 왔다.

다행인지 불행인지 박근혜 정부에선 재정관료가 득세하고 있다. 금융의 계절이 올 수도 있다. 금융부실 처리도 대부분 완료됐고 이제 은행들만 정신 차리면 된다. 우리의 희망인 원 아시아, 원 마켓을 향해서 말이다. 천왕으로까지 일컬어지는 권치(권치)의 상징, 금융지주 회장들의 대란만 다시 없다면 불가능한 일도 아니다.

지금은 제대로 된 경쟁이 벌어지지 못하고 있다. 은행끼리 금리 경쟁이라도 벌일라 치면 감독당국이 경쟁을 말린다. 외환위기 경험에서 얻은 트라우마가 너무 지독한 탓이다. 은행이 망하는 꼴을 절대 볼 수 없다는 나약한 마음이 원인이다. 하지만 이제는 경쟁의 결과로 쇠락하는 은행이 나오고 승승장구하는 은행이 나와야 한다. 그래야 강한 은행이 살아남고 일류 은행이 탄생한다.

그런 멋진 승부를 가능하게 하는 것은 물론 강한 금융당국이다. 금융발전을 위한 규제완화가 적극적으로 진행되기 위해선 감독당국이 너무 강하면 안 된다고 생각할 수 있으나 이는 대단히 잘못된 선입견이다. 당국이 약하면 규제를 풀 수 없다. 힘없고 무능한 당국일수록 촘촘한 규제에 기대기 마련이다. 이러면 금융은 숨을 못 쉬고 죽고 만다. 오히려 금융이 살려면, 규제를 풀려면 거꾸로 우리는 강인한 당국, 유능한 당국을 가져야 한다. 그게 우리의 과제다. 강한 당국 약한 규제, 이것이 선진금융의 조건이다.

조상제한서와 국신우하

조상제한서는 우리 경제발전과 호흡을 같이 해 온 5대 시중은행을 일컫는 말로 조흥(1897년), 상업(1889년), 제일(1929년), 한일(1932년), 서울(1959년) 등을 설립 순서대로 부르는 이름이었다. 외환위기를 맞으며 인수·합병, 개명 등으로 하나둘 이름이 없어지더니 마지막으로 2011년 말 SC제일에서 '제일'이 사라졌다. 국신우하는 외환위기 후 조상제한서 등 5대 시중은행이 개편돼 등장한 국민, 신한, 우리, 하나 등 4대 금융지주와 은행을 뜻한다.

모피아 공무원과
금융감독원을 합쳐라

뭔가 새로이 만드는 것도 중요하지만 기존 시스템에 비효율
적인 부분은 없는지, 그리고 잘 안 돌아가는 분야는 왜 그런
지에 대해 끊임없이 고민하고 개선하는 게 더 중요하다.

앨빈 로스 하버드대 교수, 2012년 10월 매일경제신문과의 인터뷰 중

2012년 노벨 경제학상 수상자는 폴 크루그먼 등 흔히 언론에서 유명세를 타는 거시경제학자가 아니었다. 로이드 섀플리 미국 로스앤젤레스 캘리포니아주립대(UCLA) 명예교수와 앨빈 로스 하버드대 교수 등 개별 경제 주체들의 의사결정 과정을 연구하는 미시경제학자들이었다. 주류 경제학자들끼리 나눠먹는 노벨상 수상자를 두고 너무 많은 해석을 할 필요는 없겠으나 우리에게 지금 더 절실한 것이 어쩌면 큰 담론이 아닐지 모른다는 생각을 해본다.

그들은 현대 경제의 뒤틀린 시장 왜곡과 정책 실패를 고치는 게

자기들 사명이라고 외치며 특히 불완전 정보로 인한 '조급한 의사결정의 오류(Jumping the Gun)'에 주목한다. '점핑 더 건'은 육상 달리기 경기에서 출발선에 선 선수가 총성이 울리기도 전에 먼저 뛰어 나가며 파울을 범하게 되는 실패를 빗대 만들어진 용어다.

우리 현실엔 사례들이 즐비하다. 예컨대 이런 식이다. 흔히 하향지원으로 귀결되는 대학진학시장의 실패가 대표적으로 꼽힌다. 자기 수준에 가장 적합한 대학(학생)을 고를 수 있을 때까지 대학이나 학생 모두 충분한 정보를 제공하며 기다리면 좋으련만 누구도 그리하려들지 않는다. 경쟁 학생(대학)이 먼저 자기 몫을 차지할지 모른다는 조급함 때문이다. 그래서 학생이건 대학이건 너나 할 것 없이 의사결정을 서두른다. 그 결과 학생은 하향지원 경향을 나타내고 대학 당국은 수시 선발을 늘린다. 좋은 학생을 입도선매하려는 전략이다. 이러니 여기저기서 터져 나오는 불만을 무마한답시고 정부는 정부대로 공정을 내세우며 좀 더 중앙집권적 해법을 제시한다. 학생 선발의 효율성은 갈수록 떨어진다. 악순환일 뿐이다.

다소 장황하게 노벨상 수상자 업적을 거론한 이유는 간단하다. 미국과 비교할 수 없을 정도로 시장 왜곡이 교묘하고 정책 실패가 즐비한 곳이 바로 대한민국이라는 생각 때문이다. 그만큼 지금 우리에겐 미시 전문가가 필요한 단계일지 모른다. 그럼에도 불구하고 2012년 대선은 물론 박근혜 정부 출범 후에도 정치권에서 흘러나

오는 소리는 여전히 거대 담론이다.

경제민주화? 이것이야 말로 디테일이 중요한데 경제민주화처럼 디테일이 부족한 쟁점도 드물다. 이게 다 우리 지식인 사회의 천박성과 불투명성 탓이다. 교수를 비롯한 지식인 집단만큼 우리 사회에서 그 성분과 함량 정보가 불완전한 곳도 없다.

지금 전개되고 있는 대내외 여건을 볼 때 박근혜 정부가 많은 일을 하기긴 쉽지 않다. 그러기에 일을 많이 벌이기보다는 한 발짝 움직임이라도 옳은 방향의 의미 있는 디딤이 돼야 할 것이다. 이와 관련해 교육개혁, 사법개혁 등 선진 미래를 향해 새로운 정책 설계가 필요한 무수한 과제 가운데 꼭 강조해두고 싶은 한 가지 분야가 있다. 금융이다.

이명박 정부에서 금융은 한마디로 실패였다. 그 실패는 다섯 가지로 요약된다. 금융의 실물지원 기능이 땅에 떨어졌고 차세대 성장동력을 찾아 내는 산업지원 기능도 실종됐다. 민영화와 인수합병의 답보로 인해 금융 자체의 혁신과 생산성 향상이 뒷걸음친 것은 물론이고 4대 천왕으로 일컬어지는 은행 중심의 금융지주는 계열사 일감몰아주기 등 재벌 흉내만 내고있다.

이보다 더 심각한 결과를 초래한 이명박 정부의 가장 큰 실패는 금융감독체계의 개악이다. 국제 금융과 국내 금융이 분리된 기형적 구조에 금융위원회와 금융감독원의 씨앗 싸움은 검찰과 경찰의 갈등에 버금간다.

1998년 통합 이후 이미 다섯 번이나 단행한 금융감독체계 개편이지만 싸움은 여전하고 싸움의 본질도 전혀 변하지 않았다. 수없이 많은 토론회와 공청회를 거치며 독립성, 효율성, 책임성 등 원칙이 논의되고 쌍봉 모델이 어쩌니 하며 다양한 모델이 거론되지만 다들 자기 철밥통 챙기기에 다름 아니다.

그렇다면 금융회사 입장에서 보면 어떨까. 금융관료는 출세욕에 눈이 먼 공안검사 쯤이고, 금감원은 독하기 한량없는 고문 기술자 경찰 쯤으로 비치지 않을까.

그들의 암투가 단순한 밥그릇 싸움이 아니라면 그들은 각기 다음과 같은 질문에 답해야 한다. 그러지 않으면 세금과 공적자금으로 처발라 가까스로 살려낸 금융의 계절이 다시 지고 세금의 계절이 돌아올지 모른다.

금융관료

금융감독원을 한국은행처럼 공적 민간조직으로 만들어 그들이 행정권을 수행하도록 하는 것이 위헌이라는 당신들의 명제가 확실히 참이라는 근거는 무엇인가. 금융정책과 감독정책을 통합한 결과 양쪽이 서로 발목을 잡는 정책 충돌 현상이 빚어지고 있다는 지적에 대해 명확한 해명이 있는가. 효율적 금융감독을 거론할 만큼 우리 금융관료의 질적 수준이 제고됐는가.

금감원

현재 금감원 행태가 가진 문제의 심각성을 아는가. 불확실성(Volatility)을 먹고 사는 현대 금융에서 위험요인만 강조하는 건 규제만 하겠다는 것 아닌가. 금융위기일수록 규제를 늘리기보다 규제를 제대로 하는 게 중요한 것 아닌가. 당신들이 부러워했던 영국의 금융감독기구도 금융위기를 예견 못하지 않았나.

위기가 일단 걷힌 듯 보이면 힘 가진 자들의 씨앗 싸움이 특히 강해지는 경향이 있다. 서로 책임 소재를 따지고 논공행상을 하자면서 각자 입장에서 아전인수격 이전투구를 벌이는 모습이다. 미국에서도 소비자금융보호청 신설을 놓고 티모시 가이트너 전 재무장관과 벤 버냉키 연방준비제도이사회 의장이 서로 자기 영역이라며 싸움을 벌이던 모습을 보면 그들도 별반 다를 게 없어 보인다.

쌍봉 모델 운운도 결국은 밥그릇 싸움이다. 공무원을 비롯해 금융당국 자리가 탐나는 학계인사들까지 금감원에서 소비자보호 부문을 떼어내 금융소비자보호원을 아예 독립적으로 떼어 내는 게 옳다고 주장한다. 권력을 나눠 갖자는 취지다. 반면 금감원은 말도 안 된다고 반박한다. 감독당국이 복수로 나뉘면 금융회사들 부담만 가중시킬 뿐 별반 의미가 없다는 식이다.

둘 중에 누가 옳은지 따지기 전에 한국적 해답은 이와 전혀 관계없이 아예 다른 곳에 있다는 생각이 든다. 금융감독체계에 관한 매커니즘 설계의 관건은 결국 모피아 공무원과 감독원 사이의 밥그릇 싸움을 근원적으로 해소할 솔루션을 찾는 일이다. 그건 어렵다면 어렵고 쉽다면 쉽다. 둘을 하나로 만들어버리면 된다. 한국은행처럼 별도의 공적민간기구를 설립해 그 조직에 권한과 책임을 몰아주든지 혹은 그게 여의치 않으면 감독원을 이참에 아예 공무원 조직으로, 그것도 금융위원회 모피아 공무원 부럽지 않은 처우의 별정직 공무원으로 만들어버리든지.

한국식 금융감독을 설계하면서 떠오르는 핵심 딜레마는 금융 규제와 금산 분리에 관한 고정관념이다. 금융규제를 너무 풀면 금산분리 혹은 은산분리, 즉 금융과 산업 대기업과의 수직적 결합을 차단하는 방화벽이 약해져 큰일이 날 수 있다는 식의 낡은 사고방식이다. 당국이 강하면 규제를 완화해도 시장질서가 어지럽혀질 염려가 별로 없다.

은행에 주인을 찾아주고 소유구조를 개선하기 위해서도 감독당국이 강해져야 한다. 관치를 하라는 게 아니다. 강하고 유능한 감독당국을 만들라는 것이다. 이런 목표를 위해서도 싸움박질에 날새고 있는 두 집단을 화학적 결합에 의해 하나로 통합시켜 재탄생시키는 게 최선이다.

몇 년 전 가을 규제개혁위원회 위원으로 참여하게 됐을 때 어느 금융계 원로가 귀띔해준 조언이 이 대목에서 생생하다. "민간 입장에서 제일 무서운 규제가 뭔지 압니까. 그런 것은 법이나 시행령에 있지 않습니다. 특히 금융 분야는 더욱 그렇습니다. 제일 무서운 규제는 말로하는 규제입니다." 결국 사람이 바뀌고 그 사람들 생각이 바뀌지 않으면 모두 허사라는 얘기다.

모피아(Mofia)

과거 재무부의 영문 약자인 MOF(Ministry of Finance)와 마피아(Mafia)의 합성어로 금융계 사람들이 금융계 내의 재무부 출신들을 이렇게 부른다. 재무부 출신들의 막강한 파워와 연대감을 마피아에 비유해 부르는 별칭이다.

쌍봉(Twin Peaks) 모델

금융감독체계 개편 논란에서 제기된 호주-네덜란드형 모델로, 금융사 건전성 감독기구와 금융사 영업행위(소비자보호) 감독기구로 감독체계를 이원화하는 모델. 감독권 이원화를 통해 폐쇄적인 금융감독원 행태를 혁신하고 소비자 보호를 강화하는 효과가 있다는 찬성론도 있으나 금융사의 이중부담 등 과도한 비용부담을 이유로 금융감독원 등이 강력 반발하고 있다.

민주주의와 자본주의,
서로에게 묻다

주식회사 이사들은 자신의 돈이 아닌 다른 사람들 돈의 관리자기 때문에, 합명회사 공동경영자가 자기 돈을 감독하는 것 같은 열정적 주의력으로 남의 돈을 감독하리라고 도저히 기대할 수 없다. 부자의 집사와 마찬가지로 그들은 작은 일에 신경 쓰는 것은 주인의 명예에 불리하다고 생각해 작은 일에는 신경을 쓰지 않거나 혹은 쓰지 않아도 된다고 생각한다. 따라서 주식회사의 업무처리에서는 태만(Negligence)과 낭비(Profusion)가 있게 마련이다. 이 점 때문에 외국 무역에 종사하는 주식회사는 개인 모험사업가들과의 경쟁에서 뒤지게 된 것이다.

애덤 스미스(1776년), 《국부론》, 제5권 공공조직의 비용편

경제학의 원조이자 근대 시장경제의 창시자로 불리는 애덤 스미스가 주식회사제도를 반대한 이유는 대리인 문제(Agency Problem) 때문이었다. 주식회사를 경영하는 주체는 이사들인데, 해외 개척

의 선봉에 섰던 여러 합명·합자회사들과 비교해 그들의 특징은 태만(Negligence)과 낭비(Profusion)일 뿐이라고 국부론은 설파하고 있다.

애덤 스미스의 예견에도 불구하고 주식회사제도가 그 어떤 조직도 물리치고 지금까지 전 지구를 정복하는 첨병이 된 데는 다른 이유가 있다. 주식회사가 자본주의 최대의 발명품이라고 일컬어지는 진짜 이유, 즉 유한책임제 덕분이다. 일정 금액 이상으로 위험을 지지 않아도 되고 성가신 일도 없기 때문에 기존의 합명·합자회사에선 상상조차 못하던 위험한 사업에 수많은 사람들이 자발적으로 모인다.

세상에 공짜는 없다. 이런 초강력 특성의 이면에는 아주 큰 위험성을 내포한 태생적 한계가 숨어 있다. 욕망과 책임의 불일치다. 책임은 여럿으로 쪼개면 쪼갤수록 좋으니 서로 합의가 쉽지만 욕망은 잘 쪼개지지 않는다. 지배주주라고 해서 100% 주주가 아니거늘 늘 자기 뜻대로 하고 싶은 게 인간의 욕심이자 탐욕이다. 이로 인해 위기나 공황과 같은 파국이 사이클처럼 반복된다. 크게 보면 2008년 위기도 이에 다름 아니다.

2012년과 2013년 총선과 대선을 치루며 대의정치와 민주주의에 관해 유사한 질문을 하게 된다. 주식회사제도와 마찬가지로 대의정치에서도 대리인 문제가 발생하는 건 어쩔 수 없는 숙명일까. 왜 늘 우리는 300명의 국회의원(대리인)을 우리 손으로 뽑아놓고도 금방 잘못 뽑았다고 매번 후회하는 걸일까.

역지사지라고 했나. 민주주의가 자본주의에게, 자본주의가 민주주의에게 서로 길을 물으면 어떨까. 대의정치의 산실인 영국에서 유한책임 주주를 골자로 한 주식회사제도가 탄생한 것은 우연이 아니라는 생각이 든다. 애덤 스미스가 당시 주식회사제도 탄생을 지켜보며 대리인 문제부터 걱정했던 것도 어쩌면 가까이서 대의정치의 단점을 확인하며 터득한 교훈이 아니었을까.

물론 선거와 주식회사제도는 기본적으로 다르다. 주주는 유한책임이지만 유권자는 무한책임이다. 회사가 망하거나 망할 위기에 처하면 주주는 자신이 출자한 금액을 포기하거나 손 떼고 떠나면 그만이다. 하지만 자신이 속한 지방자치단체 혹은 국가가 파산 위기에 처하면 사정은 다르다. 그 유권자 또한 파산하게 되는 거나 마찬가지다.

요즘 난무하는 복지공약을 듣고 있자면 한번 잘못된 대리인을 만났을 때 각오해야 할 파국(세 부담)의 크기가 장난이 아니란 생각이 든다. 이를 어떻게 단속할 것인가. 임기마다 선거를 통해 대리인을 갈아치울 권한이 유권자에게 있긴 하다. 그러나 그 심판이 기껏해야 4~5년에 한 번인데다 그나마 민초(소액주주)의 의지가 당리당략을 압도하기란 쉬운 일이 아니다.

민주주의든 자본주의 회사체계든 대리인 문제를 바로잡기 위해 제일 시급한 일은 풀뿌리 의견을 수렴하고 이를 의사결정에 반영하는 것이다. 주식회사의 경우 매년 주주총회가 열리고 소액주주의 의견이 반영되도록 다양한 채널(전자투표 등)을 하나둘 도입하고 있다. 그러나 아직 갈 길이 멀다. 선진국조차 소액주주의 의견이 제대로 전달되는 시스템을 갖춘 예를 찾아보기 힘들다. 이런 마당에 우리가 풀뿌리 소액주주의 의견을 단기간에 기업의 의사결정에 반영하기란 힘들다. 현대 정치와 민주주의도 동일한 과제를 안고 있다.

풀뿌리 의견을 수렴하는 일 다음으로 갖춰져야 할 일은 그 의견을 토대로 대리인을 평가하고 대리인 문제를 바로잡는 일이다. 물론 여기서 견제해야 할 대상은 유권자(주주)를 외면하는 배은망덕한 대리인만이 아니다. 오히려 과도한 배당이나 단기 업적주의에 매몰된 인기영합(포퓰리즘) 대리인이 더 골칫덩이다. 애덤 스미스가 예견한 낭비와 태만이 여기에 해당할 것이다.

대리인 문제에 이어 다음으로 생각해볼 일은 한국식 자본주의와 시장경제, 즉 한국의 선단식 기업지배구조가 갖는 유효성 여부다. 한국식 지배구조는 과연 선인가, 악인가. 작은 지분으로 여러 기업을 지배하는 것은 배임과 경제위기의 원인일 뿐인가. 아니면 리스크 분산을 통한 기업 활력의 제고로 이어질 것인가.

개인적 판단은 '조건부 유용론'이다. 다만 글로벌 기업으로 이미 성장한 상위 2~3개의 대그룹에겐 선단식 지배구조를 졸업하도록 강제할 필요가 있다. 그러지 않을 경우 시장을 포획해 오히려 해치는 경향이 나타날 수 있기 때문이다. 대신 최상위 2~3개를 제외한 그 다음 순위의 대기업 그룹들에겐 일정 정도 한국식 지배구조의 강점을 활용토록 하는 게 의미가 있다. 일부 정부의 힘이 작동해도 괜찮다. 대기업 대주주의 유한책임이 시스템 실패로 이어지지 않도록 '욕망과 책임의 일치' 작업이 전제돼야 함은 당연하다. 요즘처럼 정부규제가 과잉 조짐을 보이는 시절엔 시장 자체를 망가뜨리지 말고 일이 되도록 하는 게 중요하다.

파생상품을 유동화하는 과정에서 글로벌 위기가 발생했다고 해서 파생상품 거래 자체를 무조건 제한하려 드는 것은 바보짓이다. 유동화 자체가 틀린 것이 아니라 유동화의 전제조건이 아직 갖춰지지 않은 데 문제가 있었다. 이처럼 문제의 현주소를 직시해야 한다. 어려운 얘기지만 유동화 과정에서 드러난 부정확한 신용평가와 이에 따른 '리스크(책임)와 수익성(욕망) 사이의 엄연한 불일치'가 주범이라면 주범이었다. 따라서 유동화가 현실적으로 가능하게 하기 위해서는 이를 먼저 교정하고 일치시키는 노력이 중요하다. 이때 리스크와 그에 따른 책임이 동일하게 맞아떨어지기 위해선 또 하나의 전제조건이 성립해야 한다. 밑바닥 신용정보가 완벽하게 투명 공개되는 시스템을 구축하는 일이다. 그래야 리스크와 수익성을 측정하고 맞출 수 있다. 마치 현대 자본주의 위기의 원인과 해법을 풀뿌리 민주주의에서 다시 찾으려는 노력과 마찬가지로.

대리인 문제 (Agency Problem)

기업의 주인(Principal)은 주주다. 회사의 최고경영자(CEO)는 이들 주주의 대리인(Agent)에 불과하다. 마찬가지로 나라의 주인은 국민이고 대통령이나 국회의원은 국민의 대리인이다. 주인인 주주들이 경영자에게 원하는 것은 이익을 내는 것이다. 주인인 국민이 대리인 대통령이나 국회의원에게 원하는 것도 이런 맥락에서 이해할 수 있다.

그런데 이런 핵심 과제는 제쳐 놓고 미모의 비서들을 여럿 채용하고, 쓸데없이 넓은 사무실을 사용하며 회사 일과는 상관없는 일에 법인카드를 마구 사용하는 대리인들을 어떻게 관리하느냐는 것이 소위 '대리인 문제'다. 주인들은 이 같은 대리인들의 도덕적 해이(Moral Hazard) 방지를 위해 끊임없이 모니터링 해야 한다.

2013년체제와
2018년체제의 조건

우선 기존 자본주의 패러다임 안에서도 성장지상주의가 아닌 내실 있고 지속가능한 유형의 성장 모델을 설정하고 구체적인 실현방안을 제시할 필요가 있다. 이는 너무나 상식적인 이야기지만, '역설적으로 금리, 재정, 환율정책이, 흔히 말하는 안정론자의 시각에 따라 운영될 때 성장정책 역할도 할 수 있다'라든가 '중소기업 대책에만 너무 집중하지 말고 대기업(기존의 재벌체제 바깥의 새로운 대기업)도 많이 키우자'는, 보수 및 진보 진영의 고정관념을 거스르는 발상이 요구되는 작업이다.

백낙청(2012년), 《2013년체제 만들기》, p.77

2012년 대선까지 '2013년체제'라는 말이 유행했다. 2012년 양대선거를 통해 2013년부터 새로운 시대를 열어보자는 뜻이었다.

2013년체제를 들고 나온 쪽은 당연히 야권, 좌파 쪽이다. 그쪽의 생각을 들어보면 현재는 1987년체제의 끝물이다. 1987년은 대통령을 직선으로 뽑기 시작한 해다. 통일주체국민회의 대의원들이 체육

관에서 대통령을 선출했던 시절로부터 단절을 의미한다. 직선제라는 대통령 선출형식 자체가 당시 분출했던 1980년대 민주화운동의 염원에 대한 상징으로 간주되고 있는 셈이다.

시기 구분이라는 게 그렇다. 늘 살아남은 자의 몫이고 승리한 쪽의 전리품이다. 이렇게 보면 2013년체제라는 용어의 생명력이나 그 함의 또한 2013년 4월 총선과 12월 대선을 승리로 이끈 우파의 몫이다. 박근혜 정부 들어 새누리당에서 개헌 논의를 본격적으로 공론화할 움직임을 보이고 있는 것도 이와 무관치 않다. 반면 좌파는 선거에서 패배했으므로 2013년체제를 개막하는 데 실패했고 향후 2018년체제를 기약해야 할 것이다.

2013년체제에 관심이 있든 없든, 혹은 2013년체제든 2018년 체제든 중요한 것은 우리 사회의 변혁에 관한 지향점이다. 우리가 나아가려는 방향은 어디며, 지금 우리는 무엇을 뜯어고쳐야 하는가.

2013년체제론은 구성이 복합적이다. 1985년 옛 소련의 소비에트 붕괴에 대비될 일은 아니겠으나 2008년엔 선진 자본주의권의 심장부에서 글로벌 위기가 터졌다. 더욱이 국내적으론 1980년대 민주화 시대의 중심세력으로 자리 잡았던 베이비 부머들의 은퇴가 임박한 마당에 새로운 X세대가 전면 등장을 예고하고 있다.

그렇다면 1987년체제를 대체해야 한다고 주장되고 있는 2013년체제 혹은 2018년체제는 무슨 염원을 담고 있을까. 초점은 크게 두

2012년 말 18대 대선을 앞두고 한강변에 올려진 선거 홍보기구.

가지로 모아진 것 같다. 하나는 경제고 다른 하나는 북한, 통일 문제다. 여기서 일단 남북 문제는 제쳐두자. 2012년 선거도 결국 경제민주화 등 경제정책을 놓고 벌인 일합에 의해 승부가 판가름 났다.

그러나 아쉽게도 '2013년체제' 주창론에서 경제정책이나 전략에 관한 뚜렷한 밑그림이나 그 디테일을 찾기란 쉽지 않다. 다만 정치권을 중심으로 터져 나왔던 한미 자유무역협정(FTA) 철폐, 재벌개혁 등의 구호에 그 속내가 일부 묻어 나오고 있을 뿐이다. 여기서 어렴풋하나마 만져지는 공통분모는 개방에 대한 전면적 재검토다. 국내시장에 대한 빗장을 걸어잠그는 식이다. 최근 잦아들긴 했지만 한미 FTA 철폐 같은 막무가내 주장에선 반세기나 지난 박현채류의 민족경제론 향취마저 느껴진다. 1997년 외환위기를 교훈삼아 조심

스런 개방을 주장할지언정 개방 자체를 거스르는 건 무책임하고 위
험한 일이다.

지금 우리 사회에 나타나고 있는 양극화, 즉 가진 자와 못 가진
자, 대기업과 중소기업, 취업자와 실업자 등이 과연 시장 과잉에 의
해 비롯된 현상인가. 그렇게만 바라볼 일은 아니다. 일부 거대 기업
에 포획된 우리 사회의 법 제도가 빚어낸 산물인 측면이 있고, 상당
부분이 그들과 결탁된 기득권 세력의 수구적 행위 탓도 크다. 시장
을 거론하며 온존하고 있는 거대 기업과 권력이 있다면 그들을 제
어해야겠으나, 이에 앞서 더 시급한 일은 오히려 시장과 경쟁의 온
전한 복원을 통해 그동안 불공정과 독과점에 기생해 온 기득권 세
력을 무력화하는 것이다.

지금 우리 사회를 관통하며 도도히 흐르고 있는 분노의 에너지는
새로운 사회 개혁의 기운으로 작동하기에 충분하다. 다만 잘 분출되
도록 제대로 물꼬를 터줘야 한다. 시장만능주의도 문제지만 위정자
나 관료들의 시장 실패론도 비겁한 책임 회피에 불과하다. 과연 우
리 주변에 만연한 분노의 실체가 시장의 저주뿐일까. 시장을 빗댄
기득권층의 탐욕과 과잉 지대 추구에 치를 떨고 있는 것은 아닌가.

재벌개혁도 그렇다. 대기업 밉다고 중견기업, 중소기업에 특혜를
주는 식은 아주 조금 기득권층의 구성만 바꾸는 미미한 효과를 가
져 올 뿐이다. 출자총액제한 부활이니 순환출자 금지니 하는 퇴행

적 규제강화론보다는 대기업이나 대주주 위주로 짜여진 기존 법제
나 규제를 좀 더 경쟁적 환경에 맞게 고쳐나가는 게 순리다.

　재벌공화국도 견디기 힘들지만 잔뜩 규제가 불어난 관료공화국
도 못마땅하다. 기회의 공정과 결과의 공평처럼 자본(시장)과 정부
(규제)도 힘의 안분이 중요하다. 이런 점에선 '2013년체제'란 말의
창시자인 백낙청 서울대 명예교수가 화제작《2013년체제 만들기》
에서 "기존 보수 및 진보 진영의 고정관념을 거스르는 발상이 요구
되는 작업"이라고 제언한 데 강한 공감을 느낀다.

　이 대목에서 제기될 수 있는 궁극적 논란은 한국 자본주의에서
도 과연 시장의 힘에 의한 재벌개혁이 가능하냐는 근본적 질문이
다. 답은 여러 가지로 나올 수 있고 답에 따라 우리 사회에 대한 변
혁론도 그 색깔이 달라진다. 필자는 이에 대해 단계적이고 국지적
으로 시장에 의한 개혁이 가능하다고 생각한다. 몇 가지 전제만 충
족된다면. 민주정치의 업그레이드된 국가경영 리더십이 하나의 거
대한 자본시장 아시아를 무대로 일관된 정책 의지로 웅지를 펼친다
면. 물론 상위 두세 개의 거대 기업그룹은 우리 사회에서 이미 무소
불위다. 이들에겐 제한적이지만 별도의 법적 규제 장치를 부과하는
게 불가피할지 모른다는 전제가 추가된다면.

지대추구 행위(Rent-seeking Behavior)

과거에도 존재했던 경제학 개념이지만 전미경제학회 회장과 국제통화기금(IMF) 부총재를 역임한 앤 크루거 교수가 1974년 자신의 논문에서 이론적으로 체계화시키면서 다양한 형태로 응용됐다. 생산과 교환을 통해 서로에게 도움이 되는 가치를 만들면서 이윤을 추구하는 것이 아니라 인위적 규제 같은 진입장벽으로 시장의 공정성과 효율성을 저해하는 행위를 지칭한다. 한마디로 자기 이익을 위해 로비, 약탈, 방어 등 비생산적인 활동에 경쟁적으로 자원을 낭비하는 현상을 말한다.

지옥을 믿어라,
성장률이 올라간다

영생, 특히 지옥의 존재에 대한 믿음이 경제성장을 가장 촉진하는 '종교적' 내용이었다. 천당과 지옥에 대한 믿음이 정직성, 근면성, 개방성 같은 개인의 품성에 영향을 미치기 때문일 것이란 설명이다.
반면 성당 미사나 교회 예배에 참석하는 빈도는 성장 속도에 큰 영향을 미치지 않는 것으로 나타났다. 결국 중요한 것은 종교적 믿음(Belief)이지 종교적 소속감(Belonging)이 아니다.

언젠가 〈뉴욕타임즈〉에 이런 제목의 기사가 실린 적이 있다. "믿음을 가지면 영혼만 풍요로워지는 게 아니다." 종교적 믿음이 영혼만을 풍요롭게 하는 것이 아니라면 경제적인 물질의 풍요도 가져다준다는 얘긴데, 의아하다는 생각이 들었다. 믿음을 가지면 마음의 평화를 얻는다는 것은 당연히 이해가 가는데 여기에 더해 부자도 될 수 있다는 것은 과학적 근거가 있는 주장일까.

그래서 찬찬이 읽어보니 기사 내용은 이랬다. 하버드대의 로버트 배로 교수와 레이첼 매클레리 박사가 세계 60개국에 걸쳐 지난 20년간의 각종 자료를 통계적으로 분석해봤다고 한다. 그랬더니 종교적 믿음과 경제성장 사이에 분명한 상관관계가 있더란다. 예컨대 성장률이 높거나 부자인 나라들이 오히려 가난하고 성장률이 낮은 나라들에 비해 더 종교적이라는 게 그들의 발견이었다. 또 교육 수준이 높을수록 종교적 믿음이 강하고 미사나 예배 같은 종교의식에 더 자주 참석한다는 것도 확인됐다고 한다.

미국이라는 나라를 생각하면 고개가 끄덕여질 법한 얘기다. 미국은 누가 뭐래도 세계에서 가장 부자 나라인 동시에 가장 종교적인 나라 중 하나임에 틀림없기 때문이다.

서울대교구가 있는 서울 명동성당에 신자들이 줄지어 길게 늘어서 있는 모습.

하지만 다른 한편으로 보면 사뭇 흥미롭고 새로운 결과라는 생각도 든다. 사실 우리 주위엔 내용이 정반대인 통념도 있다. 많이 배우고 부유한 사람일수록 덜 종교적이 된다는 소위 세속화 가설(Secularization Hypothesis)이 그것이다. 사회가 부유해지고 현대화되면 될수록 과학의 영향을 더 강하게 받기 마련이고, 그러다보면 과학적으로 입증할 수 없는 초자연적 대상(하느님)을 잘 인정하지 않게 된다는 게 이 가설의 논리적 근거다. 이 가설에서는 오히려 미국이 예외적 존재로 해석된다.

그렇다면 어느 쪽 가설이 옳을까. 무조건 어느 한 쪽이 틀렸다고 말하기는 어렵겠지만 대체적인 평가는 세속화 가설이 설 땅을 많이 잃은 게 아니냐는 쪽으로 기울고 있다. 〈뉴욕타임즈〉가 〈크리스천 사이언스 모니터〉 같은 종교신문이 아닌데도 이를 대서특필한 것도 이 때문이 아닌가 싶다.

그런데 주목할 대목은 〈뉴욕타임즈〉의 기사와 달리 정작 배로 교수팀이 강조하고 있는 연구성과는 따로 있다는 점이다. 필자는 2003년 서울에 6개월간 머물렀던 배로 교수와 레이첼 박사를 함께 만나 인터뷰를 한 적이 있다. 사실 이 두 사람은 부부 사이다. 배로 교수는 그 뒤에도 미국에서 두 차례 더 만날 기회가 있었고, 그래서 연구 내용을 자세히 전해들을 수 있었다. 세계적 경제학자로서 경제발전론의 대가 소리를 듣는 그는 민주주의와 경제발전에 이어 종교와 경제발전 사이의 관계에 관심을 갖고 있었다.

우선 배로 교수 팀은 종교적일수록 경제성장이 빠르다고 했을 때 무엇이 '종교적'이며 이를 어떻게 측정할 것이냐가 중요하다고 말한다. 예컨대 성당이나 교회에 빠지지 않고 열심히 다니는 것과 기도를 성실히 하는 것 중에서 어느 것을 종교적이라고 볼 것이냐는 문제다.

결론은 이렇다. 영생, 특히 지옥의 존재에 대한 믿음이 경제성장을 가장 촉진하는 '종교적' 내용이었다. 천당과 지옥에 대한 믿음이 뚜렷하면 선과 악, 은총과 징벌에 대한 인식이 분명해지고 이것이 정직성, 근면성, 개방성과 같은 개인의 품성에 영향을 미치기 때문일 것이라는 설명이다.

반면 성당 미사나 교회 예배에 참석하는 빈도는 성장 속도에 큰 영향을 미치지 않는 것으로 나타났다. 심지어 종교의식에의 참여 빈도가 일정 수준을 넘어서게 되면 경제성장이 오히려 억제되는 경향을 보였다.

이를 종합해보면 결국 중요한 것은 종교적 믿음(Belief)이지 종교적 소속감(Belonging)이 아니다. 생각해보면 당연한 교훈이지 싶다. 신에게 진실 되게 의지할 때 마음의 평화를 얻고 물질의 풍요도 누릴 수 있다는 것이야말로 종교인으로선 당연한 진리일 것이기 때문이다.

이와 함께 빼놓을 수 없는 중요한 교훈이 한 가지 더 있다. 종교적

유연성이다. 어느 한 종교나 종파를 강제하는 사회의 경우 경제성
장이 더딘 것으로 나타났다. 또 20세기 초 독일의 사회학자 막스 베
버가 주장한 청교도 자본주의론과는 달리 천주교, 기독교, 회교, 힌
두교 등 종교에 따른 경제성장에 대한 차이점은 발견되지 않았다.
한국 사회에 팽배한 종교적 배타성을 곰곰이 돌아보고 반성해볼 대
목이다.

스티브 잡스형·맹자형
리더십을 찾아라

2011년 가을에 한일편집인세미나 참석차 일본 동경을 다녀온 적이 있다. 그때만 해도 일본인에게 2011년 3.11 대지진과 원전 대란은 아직 끝나지 않은 현재진행형이었다. 하지만 그들의 일상은 이상할 정도로 평온했다. 우리와는 참 다르다는 생각을 했다.

물론 공통점도 눈에 들어왔다. 가장 눈에 띄는 건 무력한 정치다. 당시 세미나에서 일본 측 발표자였던 〈요미우리신문〉의 다나카 다카유키 논설위원은 오늘날 일본의 '불능시대'를 두고 "전략적으로 중대한 결정이 이뤄질 수 없는 내향적(內向的) 정치 상황"이라고 규정했다.

한국도 마찬가지다. 〈매일경제〉가 2011년 가을 '분노의 시대를 '넘어서' 기획을 위해 실시한 설문조사 결과를 보면 '국회의원이 내 의사를 대변해주고 있다'고 생각하는 국민은 고작 5.5%에 불과했다. 민심이 이러니 중차대한 의사결정이 이뤄지지 못하기로는 우리 현실도 매한가지였다.

이명박 정부와 노무현 정부를 돌아보자. 국가의 장래를 위해 여야를 초월해 장기적 안목에서 내려진 결단이 있는가. 김대중 정부 시절 적잖은 성과가 있었다면 그건 아마도 외환위기 직후 우리가 직면했던 글로벌 압력이 우리의 의사결정 영향력을 강하게 행사한 덕분(?)일지 모른다. 혹자는 권위주의 정부 시절의 치적을 치켜세우는데 거기에는 민주주의의 희생이라는 기회비용이 함께 대차대조표에 올라와야 한다.

이러니 분노가 쌓일 수밖에 없다. 가뜩이나 한국식 게임 룰이라는 게 명확하지도 않고 그다지 공정하지도 않다. 게다가 한국 자본주의가 허점을 드러내는 상황이다. 그런데도 이걸 뜯어고치기가 막막하다. 교육, 노동, 복지 등 굵직굵직한 이해집단 사이의 갈등을 통크게 조정하는 일이 지금 같은 현실에서 과연 얼마나 가능하겠느냐 말이다.

어디 이뿐인가. 고성장 대신 저성장 시대가 도래한 지 오래고, 반

국회, 국회의원에 대한 불신은 정치 불신으로 이어진다. 사진은 국회 본회의장 모습.

복된 경제위기는 인적·물적 자원의 정상적 신진대사를 꽉 틀어막고 있다. 수출주도 경제를 탈피하고 내수를 키우려면 변호사, 의사, 약사 등 철밥통 기득권층의 쪽박을 깨야 하고, 전면적 세제개편도 필수다. 표를 잃고 정권 내줄 각오를 해야 한다.

저성장 시대엔 부동산 패러다임도 완전히 탈바꿈해야 한다. 부동산 공개념을 건드려야 할지 모른다. 안 그러면 부동산은 앞으로도 계속 양날의 칼이다. 집값 폭등이 노무현 정부를 고꾸라뜨렸다면 대출을 껴서 가까스로 집 장만하니 집값이 오르지 않아 가계 빚만 늘어난 40대의 불만과 전세 폭등에 따른 20·30대 분노가 앞으로 정권을 계속 위협할 것이다.

여기서 우리 스스로에게 던져봐야 하는 질문 한 가지. 러시아 혁명 전야 레닌의 화두처럼 우리는 분노의 시대를 넘어서기 위해 '무엇을 해야 할 것인가(What is to be done)'이다. 여기에 대한 정답의 단초를 가진 쪽이 시대를 이끌어야 우리는 앞으로 나아갈 수 있다.

스티브 잡스는 이와 관련해 많은 생각을 하게 하는 인물이다. 900페이지가 넘는 그의 자서전의 정수는 전기 작가 대신 잡스 자신이 책 말미에 직접 쓴 마지막 여섯 페이지의 글이다. 여기서 잡스는 '고객에게 그들이 원하는 것을 줘야 한다'는 고정관념에 반대의견임을 분명히 했다. 사람들은 직접 보여주기 전까지는 자신이 무엇을 원하는지 모른다는 게 그의 설명이다. 잡스가 절대 시장조사에 의존하지 않았던 이유가 여기에 있었다고 한다.

그러면서 그는 '이윤' 대신 인간애와 인문학이 담긴 '위대한 제품'을 창조하는 혁명을 꿈꿨다. 그리고 치밀한 장기전략을 토대로 결국 그것을 창조했다. 빌 게이츠 마이크로소프트 회장과 구분되는 이유다. 잡스의 안목대로라면 대중이 원하는 것을 쥐어주는 로빈 후드식의 포퓰리즘 영합도 사이비다.

보수든 진보든 자기 정파에 유리한지 여부를 먼저 따지는 우리 정치 지도자나 사회 지도층이 한번 생각해볼 대목이다. 무엇이 과연 우리가 진정 필요로 하는 것일까.

스티브 잡스 대신 공맹(孔孟)의 논어와 맹자를 접하면 더 큰 흥미를 안겨준다. 마이클 샌델류가 서양식 정의론이라면 논어와 맹자는 동양식 정의론일 성싶다. 인문학의 향기를 맡으며 동양 고전을 다시 대하는 즐거움은 그 자체로도 적잖은 수확이다. 하지만 더 큰 다른 기쁨을 맛볼 수 있다. 시공을 초월한 공간에서 지금 우리의 고뇌를 오버랩시킬 절호의 벤치마킹 대상이랄까.

공자와 맹자는 춘추전국시대 한복판에 180년의 간격을 두고 태어났다. 흥미로운 건 그들의 철학 기틀만큼이나 두 사상가의 고향이 인접해 있었다는 점이다. 공자의 고향인 산동성 중부 곡부에서 불과 100여 리 떨어진 곳이 맹자의 고향 추성이다. 편모 슬하의 비슷한 처지였던 맹자에게 공자는 뚜렷한 벤치마킹 대상이었으리라.

그래서일까. 두 석학의 세계관은 서로 맞닿아 있다. 다만 그 색깔은 사뭇 다르다. 공자가 인(仁)을 강조하며 인간관계의 올바른 소통을 중시하는 따뜻한 곡선 스타일이라면 맹자에게선 차가운 직선이 느껴진다. 의(義)를 리더의 덕목으로 내세운 것도 그렇지만 자존심이 세고 다소 과격한 표현을 즐긴다. 공자를 겨울에 읽고, 맹자를 여름에 읽으라는 것도 그 때문이란다.

중국 등소평의 지적처럼 세상이 어지러울 때 춘추전국시대는 지혜의 보고다. 미국 중심의 일극체제가 막을 내려가고 다극체제가 꿈틀대는 지금 세상 모습은 춘추전국시대와 너무 닮아 있다. 특히 최근 수년은 국내적으론 총선과 대선이 함께 치뤄졌고, 세계적으로

도 수많은 국가의 권력 지형이 새로 바뀌게 된 역사의 작은 변곡점
이라 할 수 있다. 20·40 젊은층을 중심으로 분노가 터져 나오는 건
동서양이 따로 없다.

이 난세를 풀어갈 솔루션을 춘추전국시대에서 찾는다면 어느 쪽
일까. 공자형에 가까울까 아니면 맹자형일까, 혹은 춘추시대를 거
쳐 전국시대 들어가듯 공자형을 거쳐 맹자형으로 순차로 나아가야
할까.

우선 당장은 공자의 인을 중심으로 한 배려와 소통의 리더십이
요구될 수밖에 없다. 이런 리더십을 발휘하는 쪽이 좌우를 아우르
고 20·40을 포용하면서 민심을 얻을 가능성이 높다. 그러나 이것만
으론 현재 나타나고 있는 세계 자본주의와 시장경제의 모순을 대한
민국이 당당히 헤쳐 나가며 굳건히 생존하기가 버겁다.

2008년 위기로 촉발된 글로벌 위기 국면이 장차 빠르게 재편될
조짐을 보이고 있기 때문이다. 지금 미국 경기가 미미하나마 회생
조짐을 보이고 있는 반면 미국에서 촉발된 위기의 불씨가 유럽으로
번진 뒤 어쩌면 그 불길이 자칫 아시아로 옮겨 붙을 가능성을 배제
할 수 없는 상황이다.

앞으로가 중요한 이유다. 소통의 리더십과 함께 맹자의 선의후리
(先義後利) 같은 새로운 정의론과 그에 입각한 신질서를 차분히 준
비해야 하는 이유도 여기에 있다.

그 다음은 실행이다. 맹자는 대장부의 진정한 리더십을 두고 "세상이 나를 알아주지 않아도 묵묵히 자기 길을 가는 것(不得志獨行其道)"이라고 했다. 포퓰리즘을 경계하고 공정과 경쟁의 균형을 잘 지켜야 한다는 뜻이다.

맹자의 대장부(大丈夫)

居天下之廣居(거천하지광거)　立天下之正位(입천하지정위)
行天下之大道(행천하지대도)
得志與民由之(득지여민유지)　不得志獨行其道(부득지독행기도)
富貴不能淫(부귀불능음)　　　貧賤不能移(빈천불능이)
威武不能屈(위무불능굴)
此之謂大丈夫(차지위대장부)

대장부는 천하의 넓은 곳에 떳떳이 거처하고
천하의 바른 자리에 떳떳이 서며
천하의 가장 큰 길을 떳떳이 가는 사람이다.
내 뜻을 세상이 알아주면 세상 사람과 함께 나의 뜻을 펼쳐 나가며
세상이 날 알아주지 않으면 내 홀로 나의 인생을 즐기며 살리라.
어떤 부귀와 영화도 나의 이 뜻을 음란하게 못할 것이며
어떤 가난과 고난도 나의 이 절개를 변하게 하진 못할 것이며
어떤 위협과 협박도 나의 이 지조를 꺾지는 못할 것이다.
이런 사람을 진정 대장부라 칭한다.

대충 그리면 망친다,
시장을 디테일하게 설계하라

'메커니즘 설계(Mechanism Design)' 이론이라는 게임이론의 한 장르를 개척한 공로로 2007년 노벨 경제학상을 수상한 세 명의 미국 석학이 있다. 레오니트 후르비치 미네소타대 교수, 에릭 매스킨 프린스턴대 교수, 로저 마이어슨 시카고대 교수가 그들이다.

언뜻 듣기에는 무슨 내용의 이론인지조차 감을 잡기 어려워 보이지만 사실 우리 현실과 매우 근접한 주제를 다루고 있는 이론이다. 예컨대 미국의 서브프라임 사태를 읽는 단초도 여기에서 찾을 수 있다.

현실세계에서 시장경제는 완전하기보다 불완전하게 작동한다. 하지만 이것은 시장기능이 완벽하게 작동하기 어려운 현실적 여건들 때문이지 시장기능 자체의 불완전성 탓이 아니다. 완벽한 시장기능을 가로막는 현실적 여건으로 흔히 정보 부족이나 정보의 비대칭성 등이 거론된다.

메커니즘 설계를 통해 노벨 경제학상을 받은 수상자들은 바로 이 같은 시장 실패가 일어나지 않고 효율적인 자원 배분이 이뤄지도록 각종 경제제도의 룰을 재구성할 필요가 있다고 보고 있다. 이를 위해 어떤 경우엔 정부 개입을 권장하기도 하지만 대개는 '인센티브'를 강조한다. 잘하는 사람이 우대받는 기본원칙이 제대로 지켜지지 않는 분야를 찾아내 그곳에 인센티브 규칙이 작동하도록 하면 된다는 것이다. 시장 기능이 개선될 것이기 때문이다.

메커니즘 설계 이론은 특히 정확한 정보의 중요성을 강조한다. 예컨대 이 이론을 창시한 레오니트 후르비치 미네소타대 교수의 기본철학은 무엇보다 정확한 정보를 보고하는 사람들에게 인센티브를 주는 게 중요하다는 것이다.

노벨 경제학상 발표 후 미국 리치몬드 연방준비은행의 제프리 래커 총재는 한 인터뷰에서 메커니즘 설계 이론을 거론하며 이런 말을 했다. 서브프라임 부실 대출로 야기된 미국의 금융시장 혼란은 유동성 문제라기보다 정보의 부족에 따른 문제였을지 모른다고. 미국 연방준비제도이사회(FRB)가 충분한 정보를 가졌다면 2007년 당시 9월까지 기다리지 않고 그보다 한 계절 빠른 여름에 저조한 성장지표에 대한 확신을 갖고 금리인하를 단행했을 수 있고, 그랬다면 상황은 달라졌을 것이라는 게 그의 분석이다.

지금 돌이켜보면 참 고상하고도 어려운 얘기다. 게다가 가정법까지 동원한 지적이니 금리인하를 조금만 앞당겼다면 위기 사태가 발생하지 않았을 것이라는 주장의 참과 거짓을 따지기엔 역부족이다. 대신 노무현 정부 당시 세상을 시끄럽게 했던 기자실 대못질을 메커니즘 설계라는 틀을 통해 새삼 생각해보는 것은 자못 의미가 있을 것 같다.

기자실 대못질이 궁극적으로 어떤 결과를 가져올지는 정치적으로만 그 의미를 따질 일이 아니다. 우리 경제 전체의 활력과도 직결된 대단히 중요한 문제였다. 경제 주체 사이의 정보 균질화를 깨고 정보 비대칭성을 확대할 수 있기 때문이다. 정부 스스로는 기자실에 대못질을 해도 브리핑을 통해 최종 정보 공급량이 줄어들지 않도록 하겠다고 말했지만 일단 대못질을 하고 나면 정부가 그렇게 착한 마음을 먹는다고 해도 이미 세상은 정부 뜻대로 움직이지 않는다. 노무현 정부 이후 정보의 비대칭성이 커지고 쏠림 현상이 심해진 데는 다 그만한 이유가 있었다고 봐야 옳다. 그게 메커니즘의 본질이다.

외환위기 이후 15년. 그때 초심과는 달리 시장경제 영역은 위축되고 정부 기능과 영역이 다시 비대해지고 있다. 정부와 사적 영역 사이의 정보 비대칭성은 세계 으뜸 수준이다. IT 강국답게 현금영수증제도는 몇 만 원 단위까지 국민들의 호주머니 사정을 정부 컴퓨터에 입력시킨다. 반면 정부, 공기업 등의 정보는 공개도 안 되지만 공개된다고 해봐야 거의 난수표 수준이다. 우리 경제의 '메커니즘 설계'를 어떤 쪽으로 해야 할 때인지 다시금 곰곰이 생각해볼 시기다.

언제부턴가 우리 사회를 뒤덮고 있는 공정이라는 가치에 대해서도 깊이 있게 들여다볼 필요가 있다. 공정이 결과의 공평 쪽으로 치우치다 보면 절차의 공정성, 즉 경쟁이 설 땅이 없다. 이것은 더 큰 불공정을 잉태한다. 우리가 바로잡을 일이 바로 이것이다. 기회를 균등하게 제공해주기 위해서도 경쟁을 되살려야 한다.

그런데 주변을 돌아보면 역설적이고 이율배반적인 일이 한둘이 아니다. 서민 경제를 살려볼 요량으로 공직 기강을 다잡고 나서면 대기업이 운영하는 과천 정부청사 구내식당만 붐비고 되레 인근 중소 식당들이 된서리를 맞는다. 아이러니다. 반값 등록금이 자칫 대기업의 직원 학자금 지원 부담만 수백억 원씩 줄여주는 꼴이라는 패러독스도 알고 보면 주먹구구식 포퓰리즘이 빚어낸 전형적 함정이다.

서민정책의 역설은 역시 금융 쪽이 백미다. 시장원리를 무시한 조급증 정책들이 곧바로 시장에 의해 역습당하는 곳이 바로 금융시장이다. 서민을 위한다며 대부업체의 법정 이자상한선을 너무 낮추면 돈 구할 곳 없는 서민들만 발을 구르게 마련이다.

중도 서민 구호라는 게 어제오늘 얘기도 아니고 요즘엔 동서양 구분도 없어 보인다. 선거에, 표 앞에 여와 야가 다를 수 없다. 그래서 포퓰리즘이 정무적으론 이해가 간다. 문제는 역시 포퓰리즘의 경제적·재정적 귀결이다. 박근혜 정부도 수많은 복지공약으로 인해 재정 부족의 덫에 걸릴 위험에 처해 있다.

그런데 간관해선 안 될 또 한 가지가 있다. 포퓰리즘의 재정적 악영향에 관해선 많은 이들이 경고하는 반면 포퓰리즘의 경쟁제한적 요소에 대해선 말을 꺼내는 이가 거의 없다. 그 악영향이 우리가 잘 모르는 사이에 번지기 때문에 그렇지 실제 그 악영향의 정도는 재정적 악영향을 능가한다. 부자와 대기업이 밉다고 경쟁을 제한하는 입법을 일삼으면 그 편익은 차상위 부자와 차상위 대기업 같은 예상 밖의 집단에 돌아갈 뿐 서민에겐 편익은커녕 재정적 부담만 돌아온다.

포퓰리즘이 괜히 미운 게 아니다. 경쟁 없는 공정이기 십상이라 위험하다. 정확하지 못하고 섬세하지 못한 정책은 표적 적중은 고사하고 생사람만 잡는다. 시장을 디테일하게 설계하고 정책을 펴야 하는 정말 중요한 이유다.

메커니즘 설계(Mechanism Design)

게임이론의 한 장르로 개발되었으며 '역의 게임이론(Reverse Game Theory)'이라고 불리기도 한다. 레오니트 후르비치 미네소타대 교수, 에릭 매스킨 프린스턴대 교수, 로저 마이어슨 시카고대 교수가 기초를 만들었으며 2007년 이 공로를 인정받아 노벨상을 받았다.

중고자동차시장은 판매대리인이 자동차의 품질을 속여 팔 수 있기 때문에 제대로 된 품질의 제품을 적정한 값에 구매하기 힘들다는 레몬마켓의 대표적 사례로 꼽힌다. 그러나 메커니즘 설계를 통해 판매대리인이 거짓말을 할 가능성과 그렇지 않을 가능성을 각기 확률로 전제한 뒤 그에 따른 보상을 각기 다르게 하여 게임을 설계할 경우 이 같은 문제를 해결할 수 있다.

근소한 차이(마지널)까지
존중받는 게 시장경제다

우리는 숲 속에서 오래된 큰 나무들의 그늘에 가려 고생하고 있는 작고 어린 나무들로부터 교훈을 얻을 수 있다. 상당수가 굴복하고 오로지 소수만이 조금씩 성장하면서 더 많은 공기와 빛을 쏘이며 매년 강해지고 성장해 간다. 그리고 마침내 주위에서 우뚝 솟는다. 마치 영원히 성장하고 강해질 것처럼. 그러나 그렇지는 않다. 어떤 나무는 좀 더 오랜기간 살아남으며 더 큰 영역을 차지하기도 하지만 결국 나이를 숨기진 못한다. 큰 나무가 아무리 빛과 공기를 많이 쏘인다고 해도 점차 생명력을 잃어가고 결국은 덜 강하지만 힘찬 어린 나무에게 하나 둘씩 자리를 내주게 된다.

알프레드 마샬(1890년), 《경제학 원론(Principles of Economics)》, 제4권 제13장

이명박 정권은 2008년 시작된 글로벌 위기의 터널을 세계에서 우리가 가장 먼저 빠져 나왔다며 이를 자신들의 가장 큰 공적으로 내세운다. 그러나 한국은 글로벌 위기가 스쳐 지나간 나라니 위기

탈출이 비교적 덜 힘들었다고 봐야 옳을 것이다. 자화자찬이 너무 지나치면 부끄러운 일이다. 그렇다고 해서 이를 두고 뻔뻔한 공치사라고 폄하할 일도 아니다. 어차피 당시로선 상당히 다급한 상황이었고 실상 위기 탈출이 당면과제였음도 분명하기 때문이다.

다만 정부가 위기 탈출을 자찬할 때 느끼는 한 가지 유감이 있다. 우리가 위기의 터널을 빠져나온 게 정말 맞는다면 터널 안에 있을 때와 비교해 정책이 뭐가 달라도 달라야 할 것 아니냐는 생각 때문이다.

그런데 현실은 오락가락 제멋대로다. 위기 극복을 자랑할 땐 언제고 인기 영합적 포퓰리즘정책을 펴고 싶을 땐 은근슬쩍 위기잠재

2008년 글로벌 금융위기 직후 정부는 청와대에 비상경제상황실을 설치했다. 사진은 당시 이명박 대통령이 상황실에 들러 보고를 받고 있는 모습.

 '생존' 자체가 화두일 땐 '정책'이 '시장'을 좌우한다. 정책담당자로선 위기 진압을 명분으로 칼을 마음껏 휘둘렀던 과거에의 달콤한 향수가 싫지 않다. 하지만 이제 위기 탈출을 공공연히 얘기한 마당이다. 그러면 시장이 다시금 복원되어야 할 차례 아닌가.

'시장'의 복원은 어디서 시작될까. 개인적으론 '마지널(Marginal)'이 살아나는 데서 시작된다고 생각한다. 경제학의 핵심 개념이기도 한 마지널은 '작은 변화 반응'을 일컫는다. 투입을 아주 조금 변화시켰을 때 나타나는 한계 반응이다.

고급 경제학일수록 미분 등 수학을 많이 쓰는 까닭이 여기 있다. 물론 수학이 전부는 아니다. 그러나 경제학을 제법 안다는 사람조차 정치경제학 운운하며 마지널을 무시하는 건 넌센스다. 그걸 알고 나서 정치경제학을 얘기해야 진짜다.

사실 민주화 다음 목표로 우리 사회의 핵심 화두로 자리 잡고 있는 선진화도 마지널에 닿아 있다. 1등과 일류가 인정받고 그 차이가 존중되는 것, 곧 마지널이 살아 숨쉬는 게 선진화인 것이다. 그러나 현실은 영 딴판이다. 목전의 정치적 이해타산 탓이 크겠으나 '마지널'은 고사하고 주먹구구도 이만저만이 아니다.

한 가지 예를 들어보자. 우리 경제에 나타난 문제점 중 하나는 돈이 제대로 돌지 않고 있다는 점이다. 맞다. 금리는 너무 심하다 싶을 정도로 내려 안정적이라는데 정작 돈을 필요로 하는 쪽에선 기업이든 개인이든 돈 구경을 잘 못한다. 그랬더니 정치권 일각에선 은행만 폭리를 취하고 있다며 예금과 대출금리 차이인 예대금리차를 법으로 일정 수준으로 묶겠다는 발상을 했던 적이 있다.

참 답답한 일이다. 아파트값 문제도 '분양원가 공개' 처방이 먹히지 않는 판인데 돈 문제를 이런 식으로 접근하려 드니 기가 찰 노릇이다. 대통령이 영세상인을 위한다며 카드 수수료를 차등화해 인하하도록 지시한 뒤 벌어진 결과를 보라. 수수료 수입이 줄자 카드사들이 현금서비스와 카드론에 치중하기 시작했고, 그 결과 제2의 카드 사태로 발전할지 모를 리스크만 커지고 있는 게 현실 경제다.

서로 상충하는 정책 목표를 억지로 끌고 가는 일도 위기 때나 할 일이지 더 이상은 설득력이 없다. 기획재정부가 만든 우리 경제 운영방향을 보면 여전히 생산성 향상과 고용증진을 동시에 강조하고 있는데 솔직히 이게 가능한 일인가. 한 쪽에선 생산성을 외치면서 다른 쪽에선 저임 임시고용직 일자리를 무조건 늘리자는 식은 눈속임에 불과하다.

사람을 쓰는 데도 '마지널'이 살아 있어야 한다. 모든 일의 중심은 사람 아닌가. 그런데도 여전히 낙하산, 보은 인사가 횡행한다. 이에 대해 높은 분들은 "'마지널'하게 보기 때문에 국정 철학을 더 잘 구현할 인물로 학연, 지연을 따지는 것"이라고 뒤집어 말한다. 만약 그렇다면 그것은 더 이상 공공 혹은 공익이 아닌 사적 권력일 뿐이다. 반대로 누굴 쓰나 결과가 마찬가지라고 생각하는 리더가 있다면 그는 더 이상 리더가 아니다.

한계혁명(Marginalist Revolution)

1870년대 거의 같은 시기에 윌리엄 제폰스, 칼 멩거, 레온 왈라스 등의 경제학자가 각각 독립적으로 한계효용에 바탕을 둔 가치이론을 발표하는 등 한계분석의 방법을 본격적으로 경제학에 도입했다. 또 한계분석의 방법은 알프레드 마샬 등에 의해 생산·분배의 이론으로도 발전했는데 이를 통틀어 신고전파 경제학의 한계혁명이라 한다.

특히 "차가운 머리 뜨거운 가슴(Cool heads but Warm hearts, 1885년 영국 캠브리지대 교수 취임사에서)"으로 유명한 마샬은 한계효용 개념에서 착안해 한계비용 개념을 도입했다. 즉, 어떤 재화나 용역을 어느 수량까지 생산할 것인가를 결정하는 것은 바로 생산량의 마지막 단위에서 발생하는 한계비용이며 이 한계비용이 한계수익과 일치하는 지점에서 이윤극대화가 이뤄진다고 설명한 것이다.

진정한 보수주의와
진보주의가 만나는 곳

전략 유닛은 정책의 진행 방향을 미리 짚어보고 앞으로 맞닥
뜨릴 도전과제를 살펴본 뒤 이를 이행하기 위한 새로운 아이
디어를 마련하는 것이다.

토니 블레어, 2002년 한 연설문 중

2011년 여름 인도네시아의 수도 자카르타를 방문한 전 영국 총
리 토니 블레어는 특히 그곳 부통령과의 면담 내용에 뿌듯해 했다.
당시 화제는 총리 재임 시절인 2002년 블레어가 손수 만든 총리 직
속의 딜리버리 유닛(Delivery Unit)이라는 정부조직에 관한 것이었
다. 대통령 직속으로 이를 본 딴 조직(UKP4)을 도입한 인도네시아
로선 이 조직의 작동원리를 최초의 고안자이자 실행 경험자에게 자
문 받고 싶었을 것이다. 그의 기분이 좋을 만도 했다.

블레어가 연임에 성공한 뒤 이 조직을 신설한 이유는 간단했다.

다양한 정책 시도도 필요하지만 더 중요한 건 그걸 당초 취지대로 집행·작동하도록 점검·관리하는 일이라는 판단에서다. 성과는 예상대로였다. 정책 유닛, 소통 유닛을 포함한 3개 전략 유닛이 블레어와 노동당에겐 성공의 징표로 화답했다.

그러나 아이러니라면 아이러니다. 큰 성공을 거두고 멀리 아시아 다른 나라까지 씨를 퍼뜨린 이 조직이 더 이상 영국에 존재하지 않으니 말이다. 보수당 집권 후 고든 브라운 총리 때까진 남아 있었으나 그 다음인 데이비드 캐머론 정부가 이를 폐지했다. 그렇다고 그 기능까지 없앤 건 아니다. 규모가 축소된 정부로 이 기능을 흡수하는 실험을 진행 중이다.

새삼 영국의 딜리버리 유닛을 거론하는 이유는 두 가지다. 먼저 매 정부마다 정부 출범에 맞춰 기계적으로 반복되고 있는 정부조직 개편에 대한 유감이다. 철학이 없는 건 둘째로 치고 너무 구태의연하다. 이번에도 미래창조과학부와 해양부가 신설됐다. 미래창조과학부 이름이 종전 부처들과 달라 신선해 보일지 모르지만 과거 과학기술부 부활과 크게 다르지 않다. 과거 정보통신부를 부활하지 않는 대신 그 기능 일부를 미래창조과학부에 편입시킨 것뿐이다. 여기에 이번 개편 과정에서 금융감독 관련 조정이 빠진 것도 특징이라면 특징이다. 공무원(금융위)과 준공무원(감독원) 사이의 워낙 큰 패싸움이기에 정부 출범 초기의 혼란을 염려해 애써 피한 흔적이 있다. 그러나 여전히 큰 지뢰로 남아 있다.

먹는 생선도 아니고 창의성 경진대회도 아니니 신선도만 갖고 박근혜 정부의 정부조직개편 내용을 평가할 건 아니다. 그래도 지난 20년간 뻔한 부처를 살렸다 죽였다 수차례 반복한 실험 결과는 결국 비대해진 관료조직과 왜소해진 전문성일 뿐이다. 이제 중요한 건 부처를 어떻게 쪼개고 붙이느냐가 아니다. 새로워진 정책환경에서 정부가 제대로 작동하도록 정부를 새롭게 개조하는 창의성과 구체성이 관건이다.

블레어의 딜리버리 유닛에 주목하는 두 번째 이유가 바로 이것이다. 우리에게도 이제 정책의 집행과 관리·감독이 무엇보다 중요해진 것은 아닐까. 이명박 정부의 747공약이 결국 허무개그로 끝난 건 글로벌 환경 탓이라 치자. 그래도 18대 대선 후보들이 너나없이 외쳐댄 거대 복지담론만 생각하면 눈앞이 캄캄하다. 단순히 수조 원, 수십조 원의 재원이 걱정돼서가 아니다. 돈 들여야 할 일이 있으면 쓰면 그만이다. 진짜 걱정은 돈이 허트루 쓰일 가능성이다. 곳곳에 도사린 누수요인과 구멍들(Loophole) 말이다.

이런 관점에서 진보와 보수의 새로운 정립도 이념 대립이 과중한 지금 우리에게 대단히 절실한 과제다. 글로벌 위기 후 갈수록 첨예해지는 좌우의 대결 앞에 국익은 겉돌기 쉽다. 우파는 여전히 불평등을 입으로만 얘기할 뿐 진정한 문제로 인식하지 못하고 있고 좌파는 경기침체와 정부의 과도한 재정부담 상황에서도 증세와 정부 지출 확대만 외치는 교조주의에 매몰돼 있다.

지금 우리에게 필요한 진보와 보수는 경제 성장에 폐해를 주지 않으면서 동시에 불평등을 축소하는 일이다. 이를 위해선 성장 담론에 다시 불을 지피고 좌파와 우파가 아이디어를 혼합해야 한다. 2011년 말 〈이코노미스트〉는 이를 두고 진정한 진보주의(True Progressivism)라 칭했다.

그러면 우리는 어떤 길을 가고 있는가. 너나 없는 표심 쫓기에 좌우 간격이 좁혀진 듯 읽힐 수도 있으나 자칫 착시로 종결될 공산이 크다. 여야 대통합도 진정한 진보, 진정한 보수의 새로운 정립에서 다시 길을 찾아야 한다.

전략 유닛(Strategy Unit)

토니 블레어 영국 수상이 2002년 영국 내각에 설치했던 엘리트 조직으로 2010년까지 수상실 업무를 보좌. 집행(Delivery), 정책(Policy), 소통(Communication) 등 3개 유닛으로 구성되었다.

호주 금융
왜 강해졌나

호주에는 1990년부터 4대 기둥정책(Four Pillars Policy)을 펴 왔다. 4대 은행 간 인수·합병을 금지하는 것이다. 이것이 호주 금융사의 경쟁과 해외 진출을 자극하는 환경으로 작용했을 것이다.

크리스 보엔 호주 금융부 장관, 2010년 현지 인터뷰 중

호주 금융이 강하다는 평을 많이 듣는다. 이 같은 평가는 국내에도 제법 널리 퍼져 있다. 호주 하면 떠오르는 맥쿼리가 우리에겐 가장 잘 알려진 호주 금융사고, 몇 년 전 외환은행 인수를 타진했던 ANZ도 호주 금융사다.

호주 금융이 원래부터 강했던 것은 아니다. 특히 호주도 한국처럼 경제위기를 겪은 뒤 경제구조에 큰 변화를 경험한 나라다. 우리 입장에서 눈여겨 살펴볼 필요가 있는 국가인 셈이다. 유사한 경험

을 공유했고 시사하는 바가 크기 때문이다.

흔히 호주 금융의 성공 비결로 특유의 은퇴연금제도인 슈퍼애뉴에이션(Superannuation)이 거론된다. 호주 자산운용업계의 운용자산 규모는 슈퍼애뉴에이션 도입 이후 연평균 9.9%씩 성장, 1조 7,900억 호주달러(2011년)로까지 팽창했다. 세계 3위이자 아시아 1위다.

호주는 슈퍼애뉴에이션을 근간으로 농업 및 광업 중심의 1차산업 국가에서 금융강국으로 거듭났다. 호주 금융산업의 GDP 대비 비중은 12% 수준이지만 경제성장 기여도는 1위다. 2011년 세계경제포럼(WEF)이 발표한 금융발전지수에서도 호주는 홍콩 미국 영국 싱가포르에 이어 세계 5위에 올랐다. 한국은 18위다.

크리스 보엔 호주 금융부장관도 슈퍼애뉴에이션이 호주 금융 발전에 획기적 기여를 했음을 강조한다. 보엔 장관은 기자와의 인터뷰에서 "호주는 자원부국이기 때문에 상품 관련 선물거래를 많이 할 수밖에 없고 그래서 관련된 투자펀드도 일찍이 많이 조성됐다"고 전제하고 "무엇보다도 호주의 독특한 연금제도가 크게 기여했다. 연기금의 투자활동으로 호주 자본시장에 대한 재자본화가 발생했다"고 말했다.

그러나 은퇴연금이 있다고 해서 호주처럼 모두 금융 발전을 이룰 수 있을까. 강력한 은퇴연금제도가 필요조건이었다면 이를 실제 금융발전으로 이끈 충분조건은 따로 있었다. 호주의 경우 은퇴연금 적립을 강제하면서 자본시장이 육성됐고, 이에 따라 자산운용사들의 경쟁이 촉진되면서 맥쿼리 같은 글로벌 금융회사가 출현했다. 이 과정에서 특히 정부의 정책이 시장과 조화를 이룬 게 주효했다.

호주에 맥쿼리, ANZ 같은 글로벌 금융회사들이 있는 것에 대해 보엔 장관은 이렇게 설명한다.

"호주 정부에서는 외국 진출에 대해 어떠한 특혜도 제공하지 않는다. 다만 호주에는 1990년부터 4대 기둥정책(Four Pillars Policy)이 있다. 이는 공정경쟁을 위해 커먼웰스, 웨스트팩, ANZ, NAB 등 4대 은행 간 인수·합병을 금지하는 것이다. 만약 호주 은행들이 외국 진출을 많이 하는 편이라면 그러한 정책이 영향을 끼쳤을 것이다."

호주는 이처럼 금융산업 발전에서 자신들만의 특화 전략이 진가를 발휘했다고 자평한다. 4개 대형 금융회사끼리 인수·합병을 금하는 '포 필라(Four Pillar)정책'으로 국내 시장 공정경쟁과 함께 적극적인 해외 진출을 장려한 것이다. 지난 20년간 호주 금융이 세계 상위권으로 도약한 것은 이 같은 고유 전략이 큰 역할을 했다는 분석이 가능하다.

세인 엘리엇 ANZ 은행 부문 대표는 정부 정책의 효용성과 함께 적극적인 해외 진출을 경쟁력 강화 전략으로 강조했다.

"ANZ는 글로벌 금융위기를 아시아에 진출하는 좋은 기회로 판단했다. 미국과 유럽 대형은행들이 아시아시장에서 상당 부문 철수하는 과정에서 좋은 인수·합병(M&A) 매물과 인재들을 건질 수 있었다. ANZ의 변함없는 기본 전략은 일종의 광역 전략(Super-Regional Strategy)이다. 오세아니아와 아시아를 하나의 광역으로 설정해 이 지역의 사업 부문 강화에 집중하는 것이다. 현재 ANZ는 인도와 말레이시아를 제외한 모든 아시아 국가에 진출했으며 30개국에서 종업원 4,000여 명을 고용하고 있다."

이런 관점에서 보면 한국의 금융정책이나 해외진출 전략은 금융발전에 역기능을 하는 측면이 없지 않아 보인다. 리처드 쉐퍼드 맥쿼리그룹 부회장은 "호주 사외이사의 최장 재임기간은 12년"이라며 "사외이사들 전문성과 경험이 중요하기 때문에 이 기간이 짧은 것이 오히려 제도 취지를 못 살리는 것"이라고 말했다. 호주 사외이사의 현실은 한국의 2년짜리 거수기 사외이사와는 달라도 너무 다른 모습이다.

그는 해외진출 전략과 관련해 한국 금융에 조언을 부탁하자 "한마디로 국내 성공 모델을 해외에서 그대로 따라하지 말라"며 "우선 해외 금융시장에 대한 연구를 많이 하라"고 말했다. 그는 또 "한국에는 세계 정상급 제조회사들이 있으므로 그들부터 고객으로 끌어들이고, 그들의 네트워크를 최대한 활용하는 게 일의 시작일 것"이라고 지적했다.

급변하고 있는 글로벌 규제환경에 적극 대응하는 일도 대단히 시급하고 중요하다. 글로벌 금융위기가 터진 지도 벌써 4년이 넘었다. 세계 금융시장은 새로운 규제 설정을 둘러싼 글로벌 강자 간 주도권 다툼이 여전하다. 미국 워싱턴DC 중심가 K스트리트가 계속 바쁘게 돌아가고 있는 이유이기도 하다.

세계 금융은 이제 상업은행을 중심으로 한 전통모델인 1세대, 투자와 상업 부문 융합(유니버설뱅킹) 전성기였던 2세대를 거쳐 새로운 표준과 전략으로 규정되는 차세대 금융으로 이동하고 있다. 김태준 동덕여대 교수는 "이를 3세대 금융으로 정의할 수 있을 것"이라고 했다.

3세대 특징은 크게 다섯 가지 메가트렌드로 요약된다. 규제표준 재 설정, 아시아 부상, 소비자 시대, 고령화 대응, 특화 경쟁 등이다.

슈퍼애뉴에이션(Superannuation)

근로자의 퇴직연금 가입과 기업의 기여금(근로자 연봉의 9%) 납부를 강제화한 호주 특유의 퇴직연금 제도로 1992년 도입됐다. 기업과 금융회사가 직접 계약을 맺는 한국과 달리 가입자가 산업별·기업별로 다양하게 조성된 기금을 선택해 가입하는 기금형으로 운영된다. 기금별로 자금운용 규모가 커지다보니 특화전략을 쓰는 운용사들이 생겼고, 자연스럽게 펀드산업이 활성화됐다. 2008년 금융위기 때 호주 증시가 크게 흔들리지 않은 것도 슈퍼애뉴에이션 자산이 안전판 역할을 했기 때문이다.

18대 대통령 당선자께

각국이 대규모 자본 유입을 관리할 수 있도록 돕기 위해 프레임워크(가이드라인)를 개발해 이사회의 승인 절차를 진행 중이다. 2011년까지 자본통제는 정책수단에 포함되지 않았지만 이제는 여러 정책수단 중 하나다.

IMF, 2012년 12월 보고서 발표(이 보고서에 대해 각국은 IMF도 더 이상 자본자유화를 유지하면서 동시에 글로벌 위기해법을 내놓기 힘들다는 자기고백을 한 것으로 받아들임)

먼저 당선을 진심으로 축하드립니다. 우리는 깊은 고뇌와 벅찬 희망을 동시에 안고 새로운 리더십을 열망해 왔습니다. 그래서 어느 때보다 치열한 좌우 간 격돌이었고 세대 간 갈등이었습니다.

그러나 당선자께선 기쁨을 만끽할 시간적 여유가 없습니다. 앞에 놓인 숙제 보따리가 너무 묵직하다는 것을 잘 아실 겁니다. 더구나 우리 공동체엔 이제 경제적 잉여가 별로 남아 있지 않습니다. 내일 밤 이후면 축하 인사받기 바쁘실 당선자께 미리 몇 가지 조언을 서둘러 드리는 까닭입니다.

세계 각국은 이제 갈 길을 가기 시작했습니다. 일본은 중의원 선거에서 자민당이 개헌선까지 확보하며 파란을 예고하고 있습니다. 미국에선 굵직한 결단이 흔히 연임 대통령의 임기 초반에 이뤄져왔습니다. 그게 역사적 교훈입니다. 중국도 새로운 리더십으로 무장했습니다. 향후 5년이 한국 같은 소국 개방경제에 얼마나 험난할지 조금씩 감이 오는 요즘입니다.

이젠 국제공조도 힘들 듯합니다. 얼마 전 국제통화기금(IMF)이 각국의 자본통제를 용인하겠다는 뜻을 내비쳤습니다. 외환시장 개입을 일상적으로 하는 한국 입장에선 나쁠 것 없다고 생각할지 모르지만 실상은 그렇지 않습니다. 당분간 글로벌한 위기해법을 내놓을 자신이 없으니 알아서 하라는 경고성 고백입니다. 1929년 대공황 때도 그랬듯이 2008년 촉발된 글로벌 위기도 결국 초기 4~5년의 전반전이 아니라 그 다음 5~6년의 후반전이 승패를 좌우할 겁니다. 결국 최종 승부는 당선자께서 감당하셔야 할 몫이 될 것이란 뜻입니다.

이런 지구촌 환경을 감안할 때 당선자께서 가장 먼저 하실 과업은 '잊는 일'입니다. 세 차례 TV 토론을 보니 수천 억 원에서 수조 원이 드는 수많은 공약들을 깨알같이 외우고 이해하시느라 힘드셨겠다는 생각이 들었습니다. 일단 잊으십시오. 공약을 버리라는 주문이 아닙니다. 잠시 뒤로 제쳐둔 채 우리가 어디로 가야 하는지 큰 그림을 그린 뒤 제로베이스에서 청사진을 새로 만드시라는 겁니다.

마침 18대 대선에선 여야의 공약이 상당 부분 일치했다니 특정 지지층의 비난을 무릅쓸 일도 아니지 않습니까.

우리는 분노의 시대를 넘어 희망과 행복의 시대로 가야 합니다. 그래서 건강한 대한민국, 다시 뛰는 대한민국, 젊어진 대한민국으로 거듭나야 합니다. 이를 위해서 우리는 성장을 다시 챙기고 전진해야 합니다. 분배를 버리자는 게 아닙니다. 분배를 위해서도 성장을 다져야 하고 공정을 위해서도 경쟁을 다잡아야 합니다.

이웃나라 일본은 늘 우리의 타산지석입니다. 골드만삭스의 한 이코노미스트는 일본병의 핵심으로 좀비기업을 듭니다. 장기 저성장에 대처하며 재정을 동원해 억지로 죽을 기업들까지 끌어안은 탓입니다. 기업강국 일본이 좀비들의 천지가 됐다는 믿기지 않는 진단이지만 머잖아 남의 나라 얘기만은 아닐 수 있습니다.

뒤집지 않으면 뒤집힙니다. 일본처럼 안 되려면 우리 사회의 좀비 집단을 수술해야 합니다. 먼저 중간에서 통행세 뜯듯이 기득권만 행사하는 기업이 있다면 이를 엄히 다스리십시오. 최상위 그룹보다는 중견 그룹이 여기에 해당할 겁니다. 죽을 기업이 죽어야 새 살이 돋아나고 진짜 일자리도 생깁니다. 최상위 그룹에 대해선 솔선을 전제로 각종 법제화에 1~2년 정도 시간적 유예를 두십시오. 이번 대선 화두였던 경제민주화도 이렇게 실행 단계를 나누는 게 바람직합니다.

능력에 비해 너무 많은 권한을 가지면 그건 모두에게 비극입니다. 국회와 지방자치단체를 포함한 정치권이 꼭 이렇습니다. 글로벌 위기를 빌미로 시장보다 정부개입을 당연시 하는 관료집단도 마찬가지입니다. 좀비류 기득권 기업, 정치권, 고급공무원, 여기에 정치검찰과 노동귀족까지 더하면 김지하류의 신5적 쯤 될까요. 이들을 어떻게 경쟁력 있는 곳으로 탈바꿈시킬 것인지 여기에 대한민국의 운명이 달렸습니다.

끝으로 대통령직 인수위원회와 관련해 당부 드립니다. 대통령직 인수에 관한 법률은 그 어디에도 정부조직이나 산하기관에 관한 개편 권한을 규정하고 있지 않습니다. 인수위는 정부기능 및 예산현황 파악(법 제7조)이라는 본연의 업무에 충실할 뿐 너무 많은 권한을 갖지 않도록 하십시오. 인수위 자리를 놓고 벌써부터 자리다툼 소리가 흘러나옵니다. 2~3만 명은 족히 될 특보들에게 자리를 주는 건 불가능합니다. 강을 건넜으니 이제 다리를 불사르십시오.

용어설명

김지하의 오적(五賊)

1970년 5월 〈사상계〉에 발표된 작품으로 담시(譚詩)라는 독창적인 장르를 택해 전통적 해학과 풍자로 사회 현실을 날카롭게 비판한 풍자시이다. 당시 부정부패로 물든 한국의 대표적 권력층의 실상을 을사조약 당시 나라를 팔아먹은 오적에 비유해 적나라하게 풍자했는데 재벌, 국회의원, 고급공무원, 장성, 장차관 등이 오적으로 등장한다. 짐승스런 몰골의 다섯 도둑들이 서울 장안 한복판에서 도둑질 대회를 벌이는 것으로 사건을 전개시키며 고대소설처럼 등장인물들을 차례대로 풍자해 나간다. 김지하의 대표작으로 이 작품 발표 후 〈사상계〉는 폐간되고, 작가와 편집인 등이 국가보안법 위반이란 죄목으로 구속되기도 했다.

Part 2

분노의 시대

한국은 다른 정책보다 분배정책을 쉽게 생각하는 것 같은데,
사실 가장 어려운 정책이 분배정책이다.

토마스 셰링 미국 메릴랜드대 교수, 매일경제신문과 인터뷰 중

한국인의 분노엔
남다른 이유가 있다

정실 자본주의(Crony Capitalism)를 시장경제로 오인해 자본주의를 비판하는 사람들도 있지만 이들이 비판하는 것은 자본주의라기보다 부패한 시스템이다. 즉 자본주의 자체의 문제가 아니다. 잘못된 정책과 인간의 탐욕을 탓하라. 소득 불평등 심화도 글로벌화와 혁신의 산물이지 자본주의 때문이 아니다.

앨런 그린스펀(2012년), 〈파이낸셜타임즈〉 기고문

　대한민국은 지금 분노의 시대를 통과하고 있다. 빈곤층이나 일부 불만세력에 국한된 얘기가 아니다. 젊은 층이든 노년 층이든 혹은 가난한 사람이든 돈 많은 사람이든 누구도 행복하지 않다고 강변한다.

　매일경제신문의 분석에 의하면 소득계층으로만 따져도 두 집 중 한 곳이 분노계층이고 전 국민 중 3분의 1 이상이 분노 인구다. 소득 이외의 다른 요인까지 고려한 분노집단을 세어보면 파괴적 분노 바이러스가 이미 한반도 전역을 뒤덮고 있다고 해도 과언이 아니다. 분노의 양상도 가진 자와 못 가진 자 간의 전통적 대립이 아니다. 이젠 가진 자끼리 혹은 가지지 못한 자끼리도 서로 물고 뜯는다.

어느 시대든, 어느 나라든 분노는 있다. 그러나 지금 우리 사회는 너무나 분노로 가득 차 있다. 무엇이 우리를, 우리 사회를 이렇게 만든 걸까.

지난 10여 년 사이의 국민의식 변화 속에 정답의 단초가 보인다. 매일경제가 1997년 실시한 비전코리아 설문조사에서 응답자의 45.7%가 최우선 국가목표로 '경제강국 진입'을 꼽았다. 하지만 상당기간이 흐른 지금 같은 내용을 다시 조사한 결과 경제강국 진입을 꼽은 응답자는 22%에 불과했고, 무려 56%가 개개인의 삶의 질을 높여 달라고 주문했다. 경제강국 진입이 개인의 행복으로 이어질 것이라는 '성장 신화'에 금이 간 것이다.

이렇게 된 데에는 우선 저성장 탓이 크다. 그간 연간 성장률은 평균 4% 미만. 그 이전의 6~7% 성장과 비교해 우리에게 돌아올 수 있는 파이가 너무 작다. 게다가 성장의 질도 낮아졌다. 세계화에 찌들고 양극화에 지친 삶은 일자리 구하기조차 실로 하늘의 별 따기다.

시장 주도의 신자유주의가 탐욕 자본주의로 변질됐다며 새로운 버전의 자본주의를 주창하는 쪽도 있다. 물론 제도 손질도 필요할 것이다. 금융이 너무 방만하게 운용되어 온 점도 무시할 수 없다. 하

지만 그렇다고 해서

예컨대 글로벌 위기 직후 서방 핵심 언론들이 소리 높여 떠들던 자본주의 실패론은 지금 생각해도 술수에 불과했던 것 같다. 일은 다 자기들이 저질러 놓고 이제 와서 고매한 척, 탐욕 자본주의 운운해 가며 제도 탓을 했다. 이런 점에서 앨런 그린스펀 미국 연방제도이사회(FRB) 전 의장이 "자본주의 자체의 문제가 아니다. 잘못된 정책과 인간의 탐욕을 탓하라"고 고백한 것은 일단 '솔직'은 했다. 하지만 그는 빠뜨렸다. 잘못된 정책의 선봉에 자신이 서 있었다는 고해를. 더구나 글로벌 금융위기가 터진 뒤 4년 이상 지나서야 이런 고백을 내놓은 것은 결코 용기 있는 행동이 아니다.

제도 탓이야 허망하기 그지없고 저성장이나 세계화도 우리만의 악조건은 아닐 터, 21세기 한국인의 분노를 제대로 이해하려면 다른 설명이 꼭 추가돼야 한다는 생각이 든다. 그게 뭘까. 필자는 반복된 위기와 이로 인한 잘못된 생태계 환경 조성이라고 본다.

위기를 반복해서 겪다 보면 모든 유기체는 생존 자체를 본능적으로 추구한다. 문제는 개별 생명체가 아닌 어느 집단 전체가 생존 본능을 조직의 가장 우선시 되는 원칙으로 삼을 경우 이 집단의 미래는 참담해진다는 점이다. 정상적인 신진대사가 무너지면 생태계는 더 이상 자동조절 시스템이 작동하지 않는다. 죽어 사라져야 할 것들이 죽지 않고 불사조처럼 살아남으면 어떤 일이 벌어지는가. 숨만 붙어 있는 상태에서 주변에 고통을 안겨줄 뿐이다. 건강하지 못한 100세 시대가 축복은커녕 재앙인 것은 100세 시대를 살아가는 노년 층만의 문제가 아니다. 그 사회 전체가 병들어버릴 수 있다는 게 더 큰 문제다.

이런 생태계에선 누구도 질서에 승복하지 않는다. 대신 모든 구성원이 자신의 생존을 사회에 강요한다. 힘 있는 기득권 집단일수록 더 심하다. 재벌이든 노조든 혹은 교육자나 의사, 약사든 예외가 없다. 이러니 일감 몰아주기가 횡행하고 철밥통이 깨지지 않는다. 한국인의 분노는 무엇보다 여기에 원인이 있다. 따라서 해법도 바로 여기, 생태계의 기본질서를 바로세우는 일에서 출발해야 한다.

용어설명

앨런 그린스펀(Alan Greenspan)

1926년생으로 미국 연방준비제도이사회(FRB) 의장을 1987년부터 2006년까지 역대 두 번째로 긴 기간 역임했다. 세계 전체 중앙은행의 총재로 일컬어질 만큼 재임기간 내내 절대적 영향력을 행사한 인물이다.

공화당 로널드 레이건 대통령에 의해 처음 연준 의장으로 지명된 뒤 민주당 클린턴 행정부에 의해 다시 의장으로 지명됐고, 그 다음 다시 공화당 부시 행정부에 의해 의장에 지명됐다. 그에 대해선 평가가 갈린다. 세계 경제에 대한 절대적 영향력과 함께 경제대통령으로 불렸는가 하면 재임기간 긴축 대신 적극적인 통화 확대 정책을 펼침으로써 추후 서브프라임 모기지 위기를 촉발했다는 비판에 직면하게 된다.

분노의 진화,
양극화에서 저성장으로

1971년부터 1992년까지 100개가 넘는 국가의 패널 데이터를 이용해 외환위기 발생과 다양한 거시변수들 사이의 상관관계를 검증했다. 검증 결과 성장률, 국내통화증가율, 해외금리수준 등이 외환위기와 깊은 상관관계가 있었다. 대외채무 대비 외국인직접투자(FDI) 규모가 작을수록 위기발발 가능성이 높은 것도 확인됐다.

제프리 프랑켈(1996년) 하버드대 교수, 〈이머징경제의 외환위기 사례들: 계량적 검증〉, 국제경제저널(JIE), 영문초록

글로벌 위기 이후 밀어닥친 분노의 물결에도 파도가 있다. 첫 물결은 2011년에 들이닥쳤다. 미국의 '월가를 점령하라(Occupy the Wall)'를 포함해 세계 곳곳에서 터져 나온 다양한 외침의 기본 프레임은 하나였다. 1 대 99, 즉 양극화였다. 양극화가 전 세계를 뒤덮게 된 배경은 무엇보다도 세계화다. 세계화가 지난 수십 년간 세계 경제를 폭발적 성장으로 이끈 힘이었지만 다른 한편으로는 양극화라는

어두운 부산물을 남긴 것이다.

오리지널 분노의 핵심 소재가 양극화였다면 분노 2.0이랄까 두 번째 물결은 정반대의 모양이다. 양극화를 완화하자고 형평을 강조했더니 이번엔 저성장이 부메랑으로 되돌아오는 '저성장의 악순환'이 찾아왔다. 형평에 키를 맞추다보니 성장이 위축되고 그렇게 위축된 성장 속에 양극화 해법을 찾으려다 보니 다시 형평을 강조하게 되고 그것이 또다시 저성장으로 이어지는 식이다.

조짐은 이미 곳곳에서 감지되고 있다. 2012년 성장률이 2.0%까지 내려간 마당에 2013년에도 그다지 새로운 돌파구가 보이지 않는다. 재정 조기 투입, 금리인하 등 갖가지 경기부양책을 시도해보지만 약발이 신통찮다. 우리 경제가 변화의 모멘텀을 찾지 못하고 저성장을 지속하면 어떻게 될까? 무엇보다 위기가 재발할 가능성이 높아진다. 20세기 말 103개 국가가 겪은 모든 경제위기를 대상으로 원인 분석을 시도한 제프리 프랭켈 하버드대 교수에 따르면 위기 촉발과 가장 큰 상관관계를 가진 변수는 역시 성장이었다.

물론 저성장이 한국만의 저주는 아니다. 얼마 전부터 나아지고 있다고는 하지만 미국, 일본, 유럽 등 선진국 경제권의 성장은 그야말로 바닥이다. 심지어 마이너스 성장도 경험하고 있다. 이와 비교하면 한국 경제의 성장 추이는 오히려 나은 편이다. 다만 새로운 성장 모델을 찾지 못하고 경제 기초 체질(펀더멘털)이 그대로 가라앉는 게 아니냐는 염려까지 나오는 게 문제다.

왜 이렇게 됐을까. 엊그제만 해도 세계에서 위기를 가장 잘 극복한 사례라고 하더니 말이다. 무엇보다 정치가 경제를 망가뜨리고 있다. 표심을 쫓는 포퓰리즘 탓에 섣부른 진단과 조급한 처방이 난무했다. 양극화가 문제라고 하니까 보수 쪽에서 먼저 경제민주화니 복지니 떠들고 증세를 내건다. 이러니 돈 가진 이들이 뒤로 숨으려 하고 경제가 움츠러든다.

표에 눈먼 정치권만이 문제가 아니다. 영혼이 없는 관료들은 저물어가는 권력과 꿈틀대는 차기 권력 사이를 끝없이 오간다. 예컨대 18대 대선이 있던 2012년을 돌아보면 재정을 풀겠다는 것이었는지, 아니면 재정건전성 유지에 치중하겠다는 것이었는지 도무지 원칙을 모르겠다. 당시 선거를 치루고 있는 박근혜 캠프에선 재정을 풀어 경기를 확실히 부양해주길 바랐던 반면 임기를 마무리하는 이명박 전 대통령으로선 임기 중 재정건전성을 훼손하지 않았다는 평가를 받는 데 더 치중했다.

얼마 전 발표된 세법 개정안도 유감이다. 부동산에 돈이 가긴 힘든 여건에서 가뜩이나 저금리가 상당기간 불가피한 상황인데도 금융소득 종합과세 대상을 연간 4,000만 원에서 2,000만 원으로 강화하고 나섰다. 돈 있는 사람까지 혜택을 줘야 하느냐는 논란이 일자 곧바로 즉시연금 비과세 혜택을 없애버렸다. 매사 이렇듯 땜질식이다.

앞으로 돈이 어디로 흐르라는 큰 그림이 과연 있기라도 한 것인지

의심스러울 뿐이다. 골드만삭스에 의하면 2030년에 우리나라 가계 자산은 지금보다 4배 불어난 9,000조 원이 된다는데 국내에선 돈이 갈만한 곳을 있는 대로 틀어막고 있다. 이러니 방법은 하나, 해외로 가는 길밖에 없다. 전기가 부족하다며 사상 초유의 무더위에 에어컨 도 제대로 못 돌리게 하면서도 다른 한쪽에선 쇳물까지 전기로 녹이 는 나라다.

분노의 시대 2.0을 잉태한 섣부른 진단과 처방의 정책 실패는 어 쩌면 예고된 것이었다. 프레임이 틀린 탓이다. 예컨대 낡은 제도의 틀을 뜯어고쳐보자는 '자본주의 4.0'은 현실을 오도할 가능성이 높은 잘못된 앵글이다. 이런 식이면 과거 불합리와 부조리는 모두 제도 탓 이 되고 만다. 하지만 모든 악마는 제도가 아닌 사람에게 있고 그것 도 아주 디테일한 곳에 숨어있다. 분노의 시대를 극복할 정책 대안도 거기서 찾아야 한다.

용어설명

월가를 점령하라(Occupy the Wall)

캐나다의 반소비지상주의 잡지인 〈애드버스터즈〉에서 항의의 의미로 미국 금융 중심가인 월가에 서 행진을 시도하는 등의 활동으로 시위를 호소했고, 트위터 같은 SNS로 활동 범위를 넓혀 나갔 다. 2011년 9월 17일 토요일부터 브로드웨이와 메이든 거리와 가까운 즈카티 공원에서 이틀 밤을 새운 시위대는 월요일 아침이 되자 거리로 나섰다. 월가가 상징하는 신자유주의와 부의 편재에 대 한 저항운동으로 보였다.

월가 시위를 모델로 보스턴, 워싱턴, 시카고, 로스앤젤레스, 샌프란시스코, 샌디에이고 등 다른 대 도시에서도 시위가 벌어졌으며 미국을 넘어서서 세계 각지로 확산됐다. 한국에서도 서울 여의도, 서울역 등지에서 시위가 일어났다.

가라앉을 위험,
뒤집힐 위험

정운찬 전 국무총리, 2011년 3월 매일경제신문과 단독 인터뷰 중

일본유신회 대표를 맡고 있는 이시하라 신타로 전 도쿄도지사는
망언조 입담으로 늘 구설에 오르내리는 극우파 유명인사다. 아무리
그런 이시하라라지만 이 말은 좀 지나쳤다 싶다. 2011년 사상 최악
의 대지진과 쓰나미에 전 세계가 애도를 표하는 마당에 일본인 스
스로 '천벌' 운운했으니 말이다. 그는 도쿄도지사 재직 시절이었던

당시 "쓰나미를 이용해 일본인의 탐욕을 한번 씻어낼 필요가 있다"
고도 했다.

그런데 만약 이 발언이 지진 직후가 아닌 평상시에 나왔다면 어땠을까. 좀 달랐을 것이다. 정작 일본 지식인들 사이에선 일본에 지진이라도 일어났으면 좋겠다는 말이 결코 입에 못 담을 역적패당의 궤변이 아니었기 때문이다.

내놓고 말은 못해도 일본 내부에 엄연히 존재하는 이런 정서를 대지진 직후 〈파이낸셜타임스(FT)〉도 익명의 일본 재무성 고위 관료의 입을 빌려 소개하고 있다. "일본 경제에 정말 필요한 것은 좋은 지진"이라고 이따금 말하곤 했다는 이 재무관료의 발언 진의는 두 가지란다. 디플레이션으로 고생하는 일본 경제에 지진 복구 작업 자체가 우선 호재다. 이보다 중요한 두 번째 포인트는 정신적인 요소. 신뢰를 잃어버린 일본인에게 좋은 위기는 새로운 경각심을 일깨울 절호의 기회가 될 것이라는 해석이다. 이렇게 보면 일본에서 지진 발언은 우리 식으로는 "외환위기 한 번 더 겪어봐야 정신차리지" 정도일 성싶다.

그들 일각의 지진 필요론은 아마도 일본 침몰론에 기인하고 있는 듯하다. 소위 잃어버린 20년 이후 새로운 모멘텀을 찾지 못한 채 시름시름 가라앉는 그들의 열도에 어떻게든 충격이 필요하다는 강박관념이 자리 잡고 있다. 다만 그렇더라도 2011년 지진은 그 진도가

2011년 3월 11일 쓰나미가 덮치고 지나간 일본 어느 마을의 모습.

너무 셌던 게 그들의 불행이었지만.

대지진 당시 세계인들이 경악하며 찬사를 보낸 일본인의 빈틈없는 질서의식과 매뉴얼식 행동양식도 이런 각도에서 재해석이 필요하다. 절제의 미덕이기에 앞서 어쩌면 그들 앞에 놓인 커다란 담벼락을 깨고 나오지 못하는 일본인 스스로의 좌절과 허무로 읽혀진다는 사람들도 많았다.

일본에 비하면 한국인은 유연성이 큰 편이다. 우리는 힘들면 울부짖기도 하고 물어뜯듯이 맞서 싸우기도 한다. 그래서 어쩌면 배가 서서히 가라앉을 위험은 상대적으로 작다. 대신 다른 위험이 커 보인다. 배가 뒤집힐 위험이다.

한국인과 일본인의 유전인자가 다른 것 같다는 추측만으로 이렇게 주장하긴 어려울지 모른다. 그러나 양국이 처한 자연환경이나 사회 여건을 보면 이런 차이가 더욱 설득력을 갖는다. 일본은 수천 년을 자연재해와 맞서 싸우며 생존해 왔다. 지진이나 쓰나미 등 절대 위험에 숨죽이며 살아가야 하는 현실은 그들의 피할 수 없는 숙명이었던 셈이다. 이 때문만은 아니겠으나 일본에선 미디어를 두고 언론이라는 표현을 흔히 쓰지 않는다. 대신 보도기관이란 표현이 일반적이다. 언제 닥칠지 모를 비상시국 속에서 미디어의 기본기능이 비판, 논쟁 등 언론기능보다는 보도기관 쪽으로 쏠려 발달했기에 이런 용어 차이가 생긴 듯하다.

반면 우리는 왜 유독 가라앉을 위험보다 뒤집힐 위험이 자꾸 커지는 걸까. 개인적으론 지속 가능성이 희박한 천수답 경제구조와 사회시스템, 의식구조에서 답을 찾고 싶다. 천수답이 뭔가. 비가 오면 확 넘쳤다가 가뭄이 들면 곧장 말라버리는, 지속 경작(성장)이 불가능한 밭을 일컫는다.

문제는 한국 경제가 자꾸 천수답을 닮아가고 있다는 점이다. 주변을 돌아보라. 기업의 생로병사만 해도 그렇다. 동네 치킨집처럼 완전경쟁 수준의 업종을 제외하면 대부분 시장이 진입과 퇴출이라는 측면에서 물 흐르듯 자연스럽지 못하다. 경쟁력이 떨어지면 자연도태되고 새로운 창업 기업이 등장하면 시장에 자연스레 진입하는 그런 정상적 패턴이 아니다. 대신 신규 진입을 막는 장벽이 대단히 높고 이미 생명력을 다한 기업조차 구조조정이 잘 안되기 일쑤다. 이러니 어느 새 갑자기 위기가 닥치곤 한다.

전력난이 되풀이되는 전력시장도 마찬가지다. 겨울이면 예외 없이 전력예비율이 급강하하며 전력대란에 초조해했지만 매년 봄, 가을에는 전력예비율이 30%대까지 올라간다. 여기에 변동성이 큰 외환시장, 유효경쟁이 안 되는 통신시장, 독과점 폐해가 뚜렷한 휘발유시장 등 우리 주변 가까운 곳들이 대부분 천수답식 구조다. 이뿐인가. 대기업과 중소기업, 가진 자와 못 가진 자 사이에 갈수록 벌어지는 양극화도 우리 사회가 지속 가능성을 담보하기 힘든 천수답 양상의 하나다.

세상은 공평하다. 언젠가는 천수답의 역습이 꼭 온다. 자연스런 시장 진입과 퇴출을 통한 선순환구조의 구조조정이 이뤄지지 않으면 인위적 구조조정이 수반된 위기가 찾아올 것이다. 그날 배가 정말 뒤집어지는 '천벌'을 피하기 위해선 우리 스스로 여기저기를 먼저 뒤적여 줄 필요가 있다. 몇 년 전부터 세간에 화두가 되고 있는 동반성장이나 정운찬 전 동반성장위원장이 제기한 초과이익공유제 주장도 여기에 닿아 있다. 초과이익공유제 경우 이 개념이 교과서에 있느냐 없느냐를 놓고 논란이 있는데, 굳이 말하자면 교과서에 있는 개념으로 볼 수 있다. 협력업체를 하나의 일관된 공정을 가진 분공장 개념으로 간주할 수 있다면 이 개념은 경제학 교과서에 분명 있다.

물론 절차와 방법이 문제다. 공정이든 초과이익공유제든 시장기능을 통해 작동시키는 게 관건이다. 그렇지 않으면 그 결과는 또 하나의 천수답을 만들어내는 것에 불과하다. 분명 길은 있을 것이다. 그리고 이 길을 찾아야 한다. 그러지 못하면 파국이 올 수도 있다. 스스로 뒤집지 않으면 뒤집힌다.

초과이익공유제

대기업이 해마다 설정한 목표를 초과하는 이익이 발생했을 경우 대기업에 협력하는 중소기업의 기여도 등을 평가해 초과이익(초과이윤)의 일부를 나누어주는 제도. 즉 임직원들에게 연말에 인센티브를 주고 경영자에게 스톡옵션을 지급하는 것처럼 대기업의 이익 공유 대상을 협력업체로까지 넓힌다는 취지다.

동반성장위원회는 공유방법으로 대기업과 협력사가 판매수입을 나누는 판매수입 공유제, 총수입에서 총비용을 뺀 순이익을 나누는 순이익 공유제, 연초 설정한 이익목표초과분을 나누는 목표초과 공유제 등 3가지 방법을 제시하고 이 3가지 방법 중 하나를 협의해 선택하도록 권하고 있다.

5년 단임 대통령제가 경제를 망친다

공무원들이 과거 정부에서 추진했던 정책과 반대의 정책을 추진하면 '영혼 없는 공무원'이라는 말을 듣는다. 국민이 선택한 정부가 어떤 정책을 추진할 때 공무원들은 자기 생각을 떠나 떠받들어줘야 하는 책임이 있다.
요즘 테크노크라트(기술관료)인 공무원들에게 '영혼이 없다'는 얘기가 나오는데 직업 공무원으로서 상당한 비애를 느낀다. 재정부는 자본주의와 시장경제를 지키는 보루인 만큼 지금의 재정부 공무원들은 '영혼'을 가져도 좋다.

윤증현 전 기획재정부 장관,
2009년 2월 인사청문회와 취임 후 첫 확대간부회의 중

6월 5일은 경제사적으로 의미 있는 날이라고 한다. 고전경제학파의 태두인 애덤 스미스(1723년)와 그 대척점에 서있는 케인지언학파의 창시자인 존 메이너드 케인즈(1883년)가 태어난 날이다. 양대학파의 두 거두가 같은 날 태어났다는 게 신기하지만 그들이 지금

모두 생존해 있다면 재정위기를 겪고 있는 유럽에 어떤 처방을 내렸을지도 무척 궁금하다. 스미스는 구조조정과 긴축(Austerity)을, 케인즈는 재정 확대를 통한 성장(Growth)을 주장했을까.

2012년 유럽위기가 전 세계로 번질 것인지 여부의 변곡점에 그리스의 선택이 놓여 있었다. 그리스는 당시 유로존 탈퇴와 동시에 채무불이행 선언을 할 것이냐 아니면 유로존 잔류를 결정하며 긴축의 고통을 택할 것이냐를 고민했다. 이 선택에 유로존의 운명도 달려있는 듯했다. 세계 이목이 집중됐던 그리스의 선택은 일단 긴축과 자구 노력을 통한 유로존 잔류로 나타났다. 다행히 블랙스완은 없었다.

전 세계가 한 나라(그리스)의 결정에 이토록 큰 관심을 기울인 것은 바로 공포심 탓이다. 위기 국면에선 이런 자그마한 돌발변수와 교란요인(Disturbance)이 자칫 블랙스완으로 극대화할 수 있다. 수리나 계량경제학에서 보통 에러 항목으로 표현되는 교란요인. 시간이 흐르며 흔히 통계적으로 사라져 버리는 변수지만 이따금은 불행의 씨앗으로 돌변한다.

그러면 지금 한국 경제는 어떤가. 새로운 위기를 맞고 있는가, 아니면 괜한 호들갑인가.

글로벌 위기 이후 이름값도 못한다는 전통 경제학 시각에서 보면 지금의 한국 경제는 위기 전야로 간주되기 어렵다. 거시경제 여건으로 보나 기업들의 경쟁력과 재무 사정으로 보나 그런 징후는 분명하지 않다. 그래도 우리에게 남아 있는 이 찜찜함은 무엇인가. 이러다가 갑자기 블랙스완이라도 등장하지 말란 법이 있을까.

이쯤 되면 경제학도 타협이 필요하다. 현대 경제학에선 복수균형이란 교묘한 방법으로 이 난제에 대한 변명을 대신하고 있다. 과거처럼 펀더멘털(경제 기초체질)이 아주 나빠야만 위기가 온다는 식의 단선적 설명 대신 펀더멘털이 어느 정도만 나빠도 다른 요인의 합성에 따라 위기 여부가 결정된다는 식이다. 특히 지금처럼 세계 경제가 위기 국면일 경우엔 이럴 가능성이 있는 펀더멘털의 밴드 영역이 더 넓어진다. 펀더멘털이 극단적으로 좋은 게 아니라면 촘촘히 연결된 세계 경제 틀 속의 부정적 전염 효과를 피할 길이 없을 것이기 때문이다.

그러면 오늘 한국 경제는 위기 촉발 가능한 이 밴드 안에 위치하고 있을까. 만약 그렇다면 여기서 실제 위기 촉발로 이어질 조건은 무엇이며 그 반대로 이를 막아줄 조건은 무엇일까.

이에 대해 경제학은 명확한 답을 주지 않고 있다. 하지만 우리 모두는 그 답을 알고 있다. 요체는 정책이고 정치다. '교란요인'이 산재한 정권교체 시기는 그래서 미묘하고 위험하다. 반복된 위기 속에 스며든 내성화된 가식적 위기의식, 그래서 비껴간 위기로부턴 반성도, 교훈도 터득하지 못하는 우리의 못난 리더십과 체질 때문에 더욱 그렇다.

임기 5년차와 무관하게 길게 내다보는, 일관성 있는 정책이 긴요하다. 한국 경제가 다시 위기를 맞을 것이냐의 답도 여기에 있다. 글로벌 위기가 만 5년을 지나가고 있다. 크게 보면 그 사이 미국, 유럽이 위기를 겪으며 힘든 구조조정을 진행해 왔다. 그동안 우리는 무엇을 한 것으로 기록될까. 양극화 타령에 퍼주기만 한 것은 아닐까. 어느새 다시 위기가 아시아로 향하지 말란 법도 없다.

특히 마음에 걸리는 건 한국 경제가 위기를 잉태했던 1996년, 2002년, 2007년 모두 닮은꼴 거시경제 여건 속에서 유사한 정책 실패를 반복했었다는 점이다. 임기 말 물가 압력에 환율 절상과 금리 인상으로 대응하면서 결국 경상수지를 망가뜨리며 위기의 단초를 제공했다.

5년마다 이런 위기증후군이 반복돼 온 이유는 무엇일까. 비슷한 실수도 한두 번이지 마음만 단단히 먹으면 학습 효과도 있고 하니 동일한 실수의 반복을 피할 수 있는 것 아닌가. 그러나 세상은 그리 간단치 않은 것 같다. 중독증과 학습 효과는 동전의 양면이다. 확고한 학습 효과일수록 지독한 중독증이 잠복해 있다. 보통은 직전의 학습 효과까지 보태진 무서운 강도로 중독성이 되돌아온다. 마음이 약해서가 아니다. 우리 몸(경제)이 이미 그렇게 변해버린 탓이다.

정부마다 임기 초엔 환율을 높여 수출을 지원함으로써 경기진작을 도모한다. 우리 경제 체질이 이렇게 되어있다 보니 늘 같은 방식으로 경기 활성화를 시도한다. 이러다가 임기 말엔 생각이 바뀐다. 물가를 잡는 것도 필요하지만 목전에 다가온 차기 선거를 겨냥한 선심정책을 쓰고 싶은 욕구를 느낀다. 환율을 낮춰 달러 표시 국민소득을 올리는 것도 이를 위해 활용해 온 단골 메뉴였다. 이게 그동안 반복된 중독 사이클이었다.

환율 외에 위기 중독증의 시그널은 또 있다. 착시 효과나 자본 흐름의 역전 가능성도 중독증의 증상들이다. 1996년 반도체 착시처럼 2007년엔 조선 수주가 우리 눈을 가렸다. 정치적 증후군도 허다하다. 정치권 대립이나 노사갈등 격화, 정부 권위 실종 등도 5년마다 신문에 자주 등장하는 헤드라인이다.

그렇다면 이 지독한 중독증은 어떻게 치료될 수 있을까. 물가 압력에 직면할 경우 이에 대한 대책으로 금리와 환율을 만지작거리는 것 자체가 잘못은 아니다. 그게 결국 위기증후군으로 이어지고 마는 절름발이 한국 경제가 문제다.

현대의학에선 중독성을 단순한 습관의 연장선으로 보지 않는다. 그 사람의 뇌에 그런 명령을 내리도록 자극하는 물질이 과다하게 분비되고 있으므로 심한 경우 약물치료가 불가피하다는 처방이 내려지곤 한다. 마찬가지로 우리 경제의 중독증 치료에 별도의 약물치료가 필요하다는 게 개인적 생각이다.

처방전은 서너 가지라고 본다. 최근 개헌론에 대한 찬반을 떠나 5년 단임 대통령제에 대한 보완이 우선 필요하다. 5년마다 모든 것을 걸고 패싸움을 벌이는 방식으론 위기증후군 반복을 막지 못한다.

경제적으론 수출주도형 성장정책의 보완이 검토돼야 한다. 방향은 서비스 등 기존에 개방이 더뎠던 부문에 대한 시장 개방을 확대해 내수 자본의 힘을 키우는 쪽이다. 그래야 고환율과 저환율을 넘나드는 악순환의 사이클을 깨고 성장 따로, 분배 따로의 경제구조도 개선할 수 있다.

또 한 가지. 이번 겨울에 경험한 전력대란에서 큰 교훈을 얻어야 한다. 가장 비싼 에너지원인 전력을 우리처럼 헤프게 쓰며 피크타임과 예비율 관리를 엉망으로 하는 나라는 없다. 이런 도덕적 해이가 곁들여진 천수답 모양의 한국 경제구조야말로 한국적 위기증후군 저변에 놓인 만병의 근원인지 모른다.

고전경제학파, 케인지언학파

고전경제학(Classical Economics)은 경제 사상의 역사에서 최초의 근대 경제 이론으로 지목하는 경제학의 한 부류로 애덤 스미스, 데이비드 리카도, 토머스 멜더스, 존 스튜어트 밀 등이 정립했다. 1776년 출간된 애덤 스미스의 《국부론》이 고전경제학의 시발점으로 여겨지며 알프레드 마샬 등 1870년 시작된 영국의 신고전경제학로 전통이 이어졌다. 고전경제학은 개인 각자의 이윤 추구가 어떻게 사회 구성의 변화를 가져왔는지를 중시한다.

케인즈경제학(Keynesian Economics)은 20세기 영국의 경제학자 존 메이너드 케인즈의 사상에 기초한 경제학 이론으로 공공 부문과 민간 부문이 함께 중요한 역할을 하는 혼합경제를 장려한다. 이는 시장과 민간 부문이 국가의 간섭이 없는 상태에서 가장 잘 작동한다고 주장하는 방임주의적 자유주의의 실패를 극복하는 과정에서 제기됐다.

포퓰리즘정책에도
족보가 있다

토마스 셰링 미국 메릴랜드대 교수(2006), 매일경제신문과 인터뷰 중

포퓰리즘정책에도 계보가 있다. 정치나 복지정책으로 구분될 만한 정책이 있고 경제정책에 포함될 정책이 있다. 경제정책으로서 포퓰리즘정책에도 족보가 있다. 포퓰리즘의 경제정책 원조는 물가정책이다. 서민물가 안정이라는 목표를 내세워 가격변수에 정부가 직접 개입하는 것이다. 독과점 품목의 경우 기업들이 담합 등을 통해 가격을 조정하는 사례가 있다면 이를 정부가 엄히 다스리는 건 당연하다. 그러나 서민 생계 안정, 특히 선거 등의 정치적 이벤트를 앞두고 정부가 벌이는 물가정책은 대체로 포퓰리즘적 성향이 강하다.

율을 들 수 있다. 개인적인 분석이지만 우리나라의 역대 환율 흐름을 보면서 환율정책의 문제점을 살펴보자. 환율은 수출입 품목의 가격에 영향을 미치는 것은 물론이고 달러나 엔화 대비 국민소득의 가치에도 즉각적인 파급 영향을 준다.

저환율을 통해 원화가치를 종전보다 높인다고 하자. 국내 수출품의 달러화 가격이 올라 세계시장에서 가격경쟁력이 떨어지는 효과가 있는 반면, 수입품의 국내가격이 내려 가면서 국내 물가를 안정시키는 효과가 나타난다. 또 원화가치가 올라가면 그만큼 달러 기준 소득이 올라가는 효과가 생긴다. 자국의 통화가치가 강세일 때 해외여행이 증가하는 이유다. 이와 반대로 고환율을 통해 원화가치를 종전보다 낮춘다면 어떤 일이 벌어질까. 앞에서 언급한 효과와는 반대 영향이 나타난다. 수출품의 가격경쟁력이 올라가는 대신 국내 수입품의 수입가격이 올라 물가에 악영향을 미칠 수 있다. 국민소득 효과도 마이너스로 나타나 해외여행이 줄어들고 해외유학생을 둔 가정에 부담이 커지는 효과가 생긴다.

이런 관점에서 과거 우리 원화의 달러 대비 환율 추이를 보면 대단히 흥미롭다. 변동환율제 채택 이후 모든 정부에서 집권 후반기에 환율(원화값)이 급락(급등)한다. 정권 초반에 환율을 올려 수출경쟁력을 높이고 대기업 위주 환율정책을 펴는 반면 정권 말에 접어들면 환율을 낮추고 원화가치를 올리는 정책을 폄으로써 국민들

로 하여금 소득이 늘어난 것처럼 느끼도록 하는 것이다. 특히 우파보다 좌파 정부 때 그 유혹에 빠진 흔적이 역력하다. 아마도 차기 대선을 앞두고 정권의 힘이 달리기 시작하는 시점이 바로 그 변곡점이 아니었을까 싶다.

물론 시장을 거스를 순 없다. 동유럽권 위기가 터졌던 2000년대 초반이 예외인 이유다. 그러나 그때처럼 일부 시기를 제외하면 예외 없이 한국형 환율정책 공식이 맞아떨어지고 있다. 정권 초반에 고환율, 정권 말 저환율 이렇게 말이다. 강만수 환율로 명명됐던 이명박 정부 때도 이 공식은 그대로 맞아떨어졌다. 경제민주화를 내걸고 있는 박근혜 정부에서는 이 공식이 다소 변형될 것으로 보이지만.

이명박 정부의 포퓰리즘정책은 물가정책과 환율정책에 머물지 않았다. 공정이라는 이름으로 2010년 광복절 경축사에서 처음 제기한 중도 서민 실용노선이 그것이다. 복지 포퓰리즘이 등장한 것이다. 그해 6·2 지방선거 패배를 딛고 2012년 대선을 염두에 둔 포석이었다. 표심을 잡기 위해선 우파가 좌파 어젠더를 선점하려 들고 좌파가 우파 어젠더를 먼저 건드리는 게 요즘 글로벌 트렌드이니 한국만 이상하다고 말할 건 아니다. 이렇듯 포퓰리즘엔 좌우가 따로 없다.

그런데 이왕에 우파 포퓰리즘을 할 거면 시장을 무시하지 말고 제대로 했으면 싶다. 좌파 포퓰리즘과 달리 우파 포퓰리즘에 어울리는 핵심 개념이 뭔가 빠진 느낌이다. 바로 '경쟁'이다. 이 개념이 너무 앞에 서면 중도 서민 실용노선이라는 당초 취지가 무색해지겠지만 그래도 어딘가 이 개념의 일부가 가미돼야 우파 포퓰리즘이 설 땅이 있다.

경쟁이 효율적이라는 경제학 교과서에 입각해서 보면 한국 대기업 시스템은 어떤 평가를 받아야 할까. 우리 재벌 시스템을 두고 세계는 칭찬을 아끼지 않는다. 이유는 한 가지다. 그들이 비록 국내적으론 독과점일지 몰라도 세계 시장을 무대로 치열한 경쟁을 벌이고 있고 이 경쟁에서 남다른 실력을 발휘하고 있기 때문이다.

이때 세계가 인정한 남다른 실력의 이면에는 국내 수출 대기업에 대한 정책적 배려가 작용했을 것이다. 따라서 문제는 글로벌시장이 아닌 국내시장에서 발생한다. 수출 대기업에 대한 정책 배려로 인해 거꾸로 악영향을 받는 곳이 있을 수 있기 때문이다. 결국 수출 대기업으로 흘러든 사회적 잉여가 너무 크다면 그 일부를 떡고물처럼 아래로 흘러내리도록 하는 2차 재분배 정책으로 시장을 보완해 줄 필요가 있다.

그런데 언제부턴가 우리 사회 진짜 문제는 이 재분배 분량이 너무 적어서 비롯된 것만은 아니라는 생각이 든다. 사회·경제적으로 특별대우를 받는 소위 지대, 즉 렌트(Rent) 영역이 이미 용인된 영역(예컨대 수출이 여기에 해당한다. '수출입국'이라는 용어에서 느끼듯이 수출에 대한 각종 지원책에는 국민적 공감대가 형성된 상태였다) 외로 자꾸만 넓어지고 있는 게 진짜 큰일이다. 대기업의 독과점, 하청 중소기업에 대한 절대적 영향력, 중소기업보호정책에 따른 배타적 영역 등 대기업 중소기업 가릴 것 없이 넓게 퍼져가고 있다. 로스쿨의 엄청난 등록금, 외교원을 통한 외교공무원 양성 등도 넓게 봐서는 일반인의 접근과 경쟁이 힘든 렌트 영역으로 간주될 수 있다. 이러니 서민들은 죽을 고생을 하고 경쟁을 해도 근근이 먹고사는데, 일부 집단은 경쟁을 하지 않고 승승장구라는 인식이 팽배하다.

취직도 아버지를 잘 만나야 수월하고 대기업 사돈의 팔촌만 돼도 연관 사업을 하며 떵떵거린다. 대기업보다 그들의 1, 2차 하도급업체가 정작 더 문제인 것도 같은 맥락이다.

몇 년 전 만났던 노벨 경제학상 수상자 토마스 셰링 미국 메릴랜드대 교수의 말이 기억난다. "한국은 다른 정책보다 분배정책을 쉽게 생각하는 것 같은데 사실 가장 어려운 정책이 분배정책이다."

갈 곳 잃은 돈이
길을 묻다

누구는 서민을 위해 금리를 올려선 안 된다고 하고 반대로 누구는 서민을 살리려면 금리인상을 더 이상 늦춰선 안 된다고 말한다. 원래 우파가 저금리를 선호하기 마련인데 전국경제인연합회 산하 한국경제연구원이 먼저 금리인상을 들고 나오는가 하면 부동산담보대출과 가계부채 뇌관을 염려해 금리인상을 반대하던 좌파 쪽도 어느새 금리인하를 달가워하지 않는다.

매일경제가 2010년부터 주최해 온 '서울 머니쇼'라는 게 있다. 일종의 재테크 박람회다. 금융, 부동산, 증권 등 재테크 전 분야를 망라한 다양한 기업들이 한 곳에 모여 일제히 자기 상품을 진열대에 올려 놓고 홍보한다. 박람회에 관람 온 참가자들은 한 곳에서 국내 모든 재테크 관련 상품을 접하고 설명을 들을 수 있다. 상품은 예금 연금상품은 물론 아파트나 상가 청약, 재개발 정보까지 종합 선물 세트처럼 한꺼번에 접할 수 있다.

매년 5월 초순에 열리며 2013년에 벌써 4회째를 맞는데, 그동안 매회 대성황을 이뤘다. 수만 명이 장사진을 치는 것은 물론이고 초중학생들 손을 잡고 가족 단위로 나들이를 하는 경우도 늘고 있다. 국내 최초로 기획된 이 박람회가 큰 성공을 거두고 있는 이유는 무엇일까. 행사기간이래야 고작 사흘에 불과하고 그것도 공휴일과 주말이 끼어 있어 좀처럼 흥행이 쉽지 않은데도 말이다.

사실 캐나다 밴쿠버의 머니쇼 등 해외 박람회를 보면 그 역사가 제법 된다. 내용이나 수준도 우리보다 한 수 위다. 하지만 관람객 동원은 우리만 못하다. 그러므로 박람회 전시 내용과 수준이 꼭 승패를 좌우한다고 말하기는 어려울 것 같다.

대신 대박 흥행의 핵심은 수요 쪽에 있는 듯하다. 다시 말해 길 잃은 돈과 그 돈을 어디에 굴려야 좋을지 감이 전혀 잡히지 않는 사람들이 너무 많은 때문이다. 갈 곳을 못 찾고 길을 헤매는 돈, 그러다가도 조금이나마 돈 되는 정보가 있으면 이리저리로 몰려다니는 단기 부동자금. 이처럼 대한민국에 길을 묻고 있는 갈 곳 잃은 돈이 바로 머니쇼 장사진의 진짜 배경이었다.

돈이 언제부터 길을 잃었는지는 잘 따져봐야겠으나 그 원인은 확연하다. 글로벌 금융위기 후 눈덩이처럼 커진 불안감과 저금리다. 요즘 우리 주변엔 불안 요인이 너무 많다. 유럽발 재정위기 등 세계 경제는 위기국면이 일상화 하고 있고 한반도에선 하루가 멀다 하고

2012년 5월 코엑스에서 개최된 머니쇼의 모습.

남북 긴장이 오르락내리락 하고 있다. 한쪽에선 세계에서 가장 빠른 위기 탈출국인 한국을 자랑하지만 다른 한쪽에선 환율이 요동치고 전쟁이란 용어까지 입에 오르내린다.

또 다른 원인은 오래 지속되고 있는 저금리다. 금리가 뭔가. 돈의 길이 금리다. 물이 높은 곳에서 낮은 곳으로 흐르듯 금리는 돈을 이쪽에서 저쪽으로 움직이게 만드는 물리력을 뜻한다. 물이 고이면 썩듯이 매사 너무 고이고 넘치면 부작용이 더 크게 작동한다. 위기 때 타들어가는 돈줄을 적셔 주려고 급격히 내린 금리를 지금껏 쥐고 있으니 길 잃은 돈이 천지사방이고 곳곳에서 썩은 내가 진동한다. 글로벌 위기를 겪고도 기존의 자산 포트폴리오 구성에는 거의 변화가 없다.

돈이 길을 잃은 데는 정책이 길을 잃은 탓이 크다. 박근혜 정부 들어선 엔저 등 환율 여건이 정책 실종을 부채질하고 있다. 낮은 금리 탓에 가뜩이나 채권 쪽으로 쏠림이 심한데, 일본 엔화가치가 한국 원화에 비해 너무 떨어지고 있다며 한국도 금리를 더 내려야 한다는 주장이 난무하고 있다. 금리라는 수단을 환율 키 조정에 쓰는 게 옳은지 개인적으론 동조하기 어렵다. 그러나 리먼 사태 직전 금리를 조금 올렸다가 비난을 한 몸에 받았던 한국은행 금융통화위원회로선 이와 반대로 금리인상 같은 강성 스탠스를 유지하기가 쉽지 않다.

그런데 잘 보면 정책 결정만 잘못하고 있는 게 아니다. 정책의 뿌리와 철학이 송두리째 흔들리고 있다. 누구는 서민을 위해 금리를 올려선 안 된다고 하고 반대로 누구는 서민을 살리려면 금리인상을 더 이상 늦춰선 안 된다고 말한다. 원래 우파가 저금리를 선호하기 마련인데 전국경제인연합회 산하 한국 경제연구원이 먼저 금리인상을 들고 나오는가 하면 부동산담보대출과 가계부채 뇌관을 염려해 금리인상을 반대하던 좌파 쪽도 어느새 금리인하를 달가워하지 않는다. 극과 극은 서로 통하기 때문일까. 좌와 우가 포퓰리즘을 통해 서로 만나는 모습은 아무튼 흥미롭다.

그렇다면 지금 저금리의 수혜자는 누구일까. 서민인가. 서민을 살린다면서 궁극적으론 그들을 죽이는 꼴이 되지 않을까. 부동산담보대출에 대한 부담을 낮춰주기 위해 금리를 내리면 자칫 더 많은 가계부채가 발생해 오히려 서민을 천길 낭떠러지로 몰지 모른다.

정책담당자들은 매사 추궁당할 일이 생기면 시장 탓을 먼저 한다. 정책 실패를 시장 실패라며 책임을 회피하는 식이다. 지금 돈이 길을 잃은 것이 시장 실패 탓인지 정책 실패 탓인지 다시 한 번 생각해볼 필요가 있다.

단기 부동자금

부동자금은 특정 자산 형태로 묶여 있지 않고 투기적 이익을 얻기 위해 시장에 유동하고 있는 대기성 자금이다. 단기 부동자금은 특히 저축예금, 머니마켓펀드(MMF), 종합자산관리계좌(CMA), 발행어음, 요구불예금, 정기예금(6개월 미만), 수시입출금식예금(MMDA), 시장성수신(CD+표지어음+RP), 단기채권형펀드, 고객예탁금 등 금융사에 맡겨진 1년 미만의 수신성 자금을 모두 합한 것을 뜻한다.

과잉보호 패러독스

미국에서도 소득 양극화가 심각하다. … 그렇다고 해서 중산층 소득 향상을 위해 기업에게 부담을 지우거나 세계화에 역행하려는 발상은 매우 위험하다. 분배도 시장(Market Force)을 작동시켜 이뤄지도록 해야 한다. 대선주자들은 시장 메커니즘의 훼손 없이 분배 개선을 이룰 정책공약을 내놓아야 한다.

래리 서머스 전 미국 재무장관, 2007년 파이낸셜 타임즈 기고 중

골프장 캐디들이 자신들을 '보호'해주겠다는 법안의 입법을 중단해 달라고 2007년 정부에 집단 청원을 냈던 적이 있다. 노동부가 내놓은 '특수형태 근로종사자 보호 등에 관한 법률안'이 실제 입법되면 되레 일자리만 줄고 근로조건도 악화될 것이란 이유에서였다. 그래서 캐디 외에 보험설계사, 학습지 교사 등도 입법 반대 목소리를 높이는 역설적 현상이 현실로 나타난 바 있다. 당시 입법은 결국 무산됐고, 권익위원회는 현재도 이 법안을 입법하도록 노동부에 권

고하고 있다.

법이 보호대상으로 삼은 당사자들이 입법을 반대하는 꼴이니 참 웃기는 일이다. 하지만 과잉보호의 역설, 패러독스(Paradox)라고 부를 만한 이 현상은 사실 이미 예견된 일이다. 경제학 교과서에서는 '과잉보호 패러독스'의 대표적 사례로 흔히 최저임금(Minimum Wage)의 딜레마를 든다. 아파트 경비원들의 최저임금제를 확대했더니 아파트 단지마다 경비원 수를 줄이는 바람에 애꿎은 고령 경비원들만 일자리를 잃었다는 얘기는 이제 유명한 일화가 되었다.

특수직 보호입법이나 최저임금제 적용 확대가 완전히 잘못된 것이라는 주장을 펴려는 것은 아니다. 영세 소규모 식당 등 최저임금제 적용이 제대로 이뤄지지 않는 영역이 존재할 경우 거기에 의존하는 전근대적 사업 영역이 온존하게 돼 결국 우리 사회 전체의 생산성을 끌어올리는 데 오히려 역기능을 하는 결과가 되고 만다. 따라서 최저임금제 적용의 옳고 그름을 단순히 가리는 수준을 떠나 동전의 양면을 모두 보고 판단하되, 가급적 시장원리를 최대한 살린 정책을 추진하도록 노력해야 한다는 것이다.

'과잉보호 패러독스'의 사례가 가장 많았던 시기는 참여정부 기간이다. 특히 어느 정부나 임기 말에는 이 같은 경향이 두드러지곤 했다. 그렇다면 왜 무리하고 억지스런 공약이 애초에 다듬어지지 않고 나왔을까 하는 궁금증이 생긴다.

기본적으론 포퓰리즘 때문이다. 하지만 이것만으론 설명이 부족하다. 분배를 지향하는 얘기라고 해서 포퓰리즘이고 성장과 관련된 주장이라고 해서 고전적 정통 이슈가 아니다. 분배를 다루더라도 어떻게 다루느냐에 따라 얘기는 전혀 달라진다.

미국을 보자. 분배 문제가 점점 커지고 있던 2000년대 말 로렌스 서머스 하버드대 교수가 파이낸셜 타임즈에 실은 칼럼은 앞으로 분배 문제를 어떻게 해결해야 하는지에 대한 원칙을 분명하게 제시하고 있다.

그의 진단과 처방은 이렇다. "최근 2004년까지의 데이터를 분석해본 결과 미국에서도 소득 양극화가 심각하다. 특히 1990년대 이후 정보기술에 의한 생산성 반등이 양극화를 부추기고 있다. 따라서 생산성과 실질임금이 같은 방향으로 움직이던 과거처럼 성장만 잘 관리하면 소득분배도 그럭저럭 뒤따라 해결되던 시대와 달리 분배에 각별한 관심을 가져야 한다."

여기까지는 그렇다 치고 서머스 교수가 칼럼의 나머지 절반을 할애한 처방에 우리는 귀를 기울일 필요가 있다. "그렇다고 해서 중산층 소득 향상을 위해 기업에게 부담을 지우거나 세계화에 역행하려는 발상은 매우 위험하다. 분배도 시장(Market Force)을 작동시켜 이뤄지도록 해야 한다. 대선주자들은 시장 메커니즘의 훼손 없이 분배 개선을 이룰 정책공약을 내놓아야 한다."

그동안 한국을 여러 차례 다녀간 서머스 교수의 이 같은 처방을 들다보면 혹시 한국의 근래 경험을 반면교사로 삼은 얘기 아닐까 싶을 정도다. 미국식 실용주의도 엿보인다. 당시는 대선을 1년 이상 앞둔 시점이었다. 대선주자들의 경제공약이 일정 범위의 스펙트럼을 이탈하지 않도록 대선일에 훨씬 앞서 일찌감치 관리하고 있다는 건 그만큼 국가 의사결정구조가 성숙하다는 방증이다.

노벨 경제학상 수상자인 토마스 셰링 교수는 필자와의 인터뷰에서 이런 말을 한 적이 있다. "'분배도 중요하다'는 것은 맞지만 더 중요한 것은 그것의 실행계획을 정밀하게 디자인하는 것"이라고 말이다. 그러지 못하면 그동안 우리가 봤듯이 정치권 주변의 포퓰리스트와 관료주의만 배불릴 것은 빤하다.

최저임금(Minimum Wage)

고용자가 피고용인을 저임금으로 부리는 착취를 막기 위해, 나라에서 정한 노동자에게 지급해야 할 최소한의 임금을 말한다. 쉽게 말하면 법으로 먹고 살수 있을만한 수준의 임금을 주게 하여 노동자의 생존권을 보호하는 임금지급제도다. 첫 최저임금제는 1894년 뉴질랜드 정부에 의해 시행되었고 미국이 1938년, 프랑스가 1950년, 영국이 1999년 도입했다.
우리나라는 1988년에 도입됐고 2013년의 경우 시간당 4,860원, 1일(8시간 기준) 3만 8,880원으로 정해졌다.

문 앞의 야만인들

이 야만인들 때문에 월스트리트에서는 탐욕이 일상적인 덕목으로 자리 잡았
다. '돈은 먼저 잡는 사람이 임자야!'라는 말이 공공연히 나돌기도 했다.

브라이언 버로스와 존 헬리어(1990년), 《문 앞의 야만인들(Barbarians at the Gate)》

1997년 외환위기는 한국 금융의 장송곡이었다. 은행이 줄줄이
인수·합병되며 간판을 바꿔 달았고 종합금융사 등 2금융권 회사들
은 줄줄이 무너졌다. 이게 다 과거 정권에서 걸핏하면 금융을 관치
로 끌어다 쓴 결과다. 인과응보치곤 참담한 사례였다.

그런데 외환위기를 겪은 뒤 상황이 역전됐다. 외환위기의 쓰라린
경험 탓인지 김대중 정부나 노무현 정부 모두 금융을 함부로 건드
리지 않았다. 대신 세금을 주된 정책수단으로 삼곤 했다. '세금의 계
절'이었던 셈이다. 덕분에 금융은 외환위기 후 제법 긴 세월동안 고
요한 평화의 계절, 발전의 계절을 맛볼 수 있었다.

힘 가진 자들에겐 그 기간이 너무 길게 느껴졌던 걸까. 이명박 정부에 들어서면서 금융이 다시 힘 가진 자들의 전리품이 되고 말았다.

당시 세상을 들썩이게 했던 가장 큰 사건은 신한금융 사태. 넘버 스리인 신한은행 이백순 행장이 넘버 투인 신상훈 신한금융지주 사장을 2009년 9월 고소하면서 외부에 알려지기 시작한 사건이다. 하지만 도대체 왜 이런 일이 벌어졌는지 제대로 알고 있는 사람은 아직도 드물 듯하다.

어느 금융계 원로는 '라응찬 회장의 노욕, 신상훈 사장의 교만, 이백순 행장의 맹종이 빚은 참극'이라고 해석한다. 그럴싸하다. 50억 원 비자금설에 발목이 잡힌 상태에서도 4연임에 성공한 넘버원 라 회장, 잔뜩 기대했던 황제 등극이 영남 정권 탓에 가로막힌 넘버2 신 사장, 넘버1과 넘버2 사이의 간극에 설 땅이 좁아져 강수를 자초하는 넘버3 이 행장.

시야를 한국 금융 전체로 돌려보면 참 가관이다. 신한 사태가 벌어지기 전에 이미 황영기 씨와 강정원 씨를 사지로 몰아 넣은 KB금융 사태가 터진 게 불과 얼마 전이었다. 마치 돌림병 같다는 생각도 든다.

왜 이럴까. 혹자는 미국의 거대 기업 RJR내비스코의 몰락 과정을 살펴보라며 월스트리트저널 기자 두 명이 쓴 책《문 앞의 야만인들 (Barbarians at the Gate)》을 읽어볼 것을 권한다. 한때 포춘 선정 500대 기업에도 이름을 올린 이 회사는 20여 년 전 문 앞에 야만인들(KKR

등 사모펀드)이 온 것도 모른 채 최고경영자가 이사진의 환심을 사는 데만 치중하다가 결국 인수·합병 당하며 몰락의 길을 걷게 된다.

KB금융이나 신한금융과 같은 국내 사례와 스토리는 다소 다르지만 교훈은 비슷하다. 스스로를 지켜내지 못하면 결국 외부의 적에 의해 파국에 직면한다는 점이다.

그런데 여기서 잠깐 생각해보자. KB와 신한 사례의 경우 이 '야만인들'은 누구로 봐야 할까. 사모펀드가 야만인들로 등장한 RJR내비스코 경우와는 달리 여기서는 왠지 권(權)과 관(官)의 얼굴이 비친다. KB금융 사태 땐 철밥통 사외이사들이 문제라더니 신한의 경우엔 이사회가 거수기라는데도 사단이 났다. 상고 출신들이 똘똘 뭉쳐 구축한 폐쇄적 경영진 문화가 문제였다는 비판도 제기됐다. 신한으로선 이 또한 틀린 얘기가 아니라는 점이 아픈 대목이다.

내비스코 사례처럼 시장에 의해 감시 감독이 이뤄지는 미국 경우는 스스로 허점이나 빈틈을 보이지 않는다면 외부의 적으로부터 자신을 지켜낼 수 있다. 하지만 권력과 관치가 판을 치는 한국에선 그게 그렇지가 않다. 힘을 가진 쪽에서 트집을 잡고 그렇게 여론을 몰아가면 그뿐이다. 결국 권력과 관치가 트집 잡기 나름인 셈이다.

힘 가진 자들의 관치와 권치를 순진한 금융인들이 극복하기란 쉽지 않다. 하지만 반대로 관치에 체질화된 금융인들의 줄 대기 문화가 관치와 권치를 더욱 부채질하고 있다는 점도 부인하기 어렵다.

몇 년 전 '국민은행의 이상한 성과급 평가'라는 기사가 나간 뒤 국민은행이 보여준 행태는 우리 금융권이 정치에 휘둘리다 못해 스스로 정치화되고 있음을 단적으로 보여줬다. 기사 내용은 이랬다. 국민은행이 성과급을 지급할 목적으로 영업점 실적을 자체 평가했는데, 그 속내를 들여다보니 무려 80%에 달하는 지점들이 가장 높은 S등급을 받았을 정도로 평가가 엉터리였다는 것이다.

반응은 놀라웠다. 독자들 반응도 뜨거웠지만 정작 놀라운 일은 국민은행에서 벌어졌다. 누가 이 '비밀'을 언론에 흘렸느냐며 노동조합이 발설자 색출에 나섰다. 옛 국민은행 출신 노조위원장은 급기야 옛 주택은행 출신 부행장에게 혐의를 두는 듯한 성명서를 냈다. 임박했던 차기 국민은행장 선임을 앞두고 국민·주택 등 양대 인맥이 반목과 분열의 패싸움 분위기로 돌입하는 순간이었다.

안타깝고 기가 차는 일이지만 이게 대한민국 리딩뱅크 모습이다. 경쟁 은행보다 갑절만큼 저원가성 계좌를 보유하고도 국민은행 1인당 생산성이 추락하는 것도 이상한 일이 아니다. 그나마 이건 민영화가 완료된 은행의 얘기다. 10년 넘게 정부 공적자금 투입은행이라는 오명 속에 살아가고 있는 우리금융을 보면 더 기가 찬다.

우리금융 사람들만 그 진의를 알고 있다는 썰렁한 농담 하나. '우리금융지주와 우리은행 인사가 대한민국에서 제일 투명하다'고 한다. 진짜 인사가 투명해서 생긴 말이 아닌 것은 당연하다. 부행장급 임원은 물론이고 부장급 간부들까지 외부 인사 청탁이 곧바로 먹힌

단다. 그야말로 청탁하는 쪽의 힘의 강도에 따라 정확히 인사 내용
이 결정된다고 해서 생긴 자조성 조크라고 한다.

그러면 어떻게 해야 할까. 답은 간단하다. 주인이 있고 오너십 문
화가 강한 진짜 민영화를 달성하는 것이다. 국민은행이 아직도 국
책은행인 줄 알았다는 한심한 변명이 더 이상 나오도록 해서는 안
된다. 관치와 권치는 주인 없는 '무주공산'을 서식지로 한다. 이런
관점에서 우리금융은 이 정부 임기 안에 반드시 민영화에 착수해야
하고, 그 방향도 어정쩡한 지분매각 방식보다는 오너십이 분명하게
드러나는 쪽으로 가야 한다.

KKR(콜버그 크래비스 로버츠, Kohlberg Kravis Roberts)

KKR(콜버그 크래비스 로버츠)은 설립자 3명의 이니셜을 따서 만든 세계 3대 사모펀드 이름으로
현재 운용자산은 520억 달러(약 62조 원)에 달한다. 국내에서는 2005년 삼성생명 지분인수를 시
도한 바 있으며, 2009년 OB맥주를 인수하면서 유명해졌다. 그런데 이런 KKR에 대해선 평가가
엇갈린다.
RJR나비스코 인수 과정을 그린 《문 앞의 야만인들》(브라이언 버로, 존 헤일러)에서 월스트리트
저널 기자 출신 저자들인 브라이언 버로와 존 헤일러는 이 거래에 관여한 모든 이들을 '야만인들'
에 비유했다. 이 책이 MBA의 기업 윤리 교재로 자주 쓰이는 이유다. 반면 긍정적인 평가도 있다.
하버드대 경영대학원의 맬컴 셀터 교수는 KKR을 '자본주의의 정비공장'이라고 부른다. KKR과
같은 회사 때문에 경영자들이 기업 예산을 더욱 정밀하게 짜고 조직의 군살을 빼기 위해 노력한
다는 것이다. 크래비스 회장은 "KKR은 기업을 인수하는 파트너이지만 궁극적으로는 경영자들이
일을 잘하도록 만드는 것이 KKR의 첫 번째 원칙"이라고 강조한다.

정부 반대로만 하면 되나요

정부 말을 들으면 손해를 보고 정부 말과 반대로 하면 이익을 본다는 믿음, 이 게 깨지지 않는 한 어떤 정책도 먹히기 어렵다. 그간 진행되어 온 구조조정의 모습도 그랬다. 건설이나 조선은 물론이고 저축은행조차 기업 지배주주가 자 구노력 차원에서 숨겨두었던 재산을 헐어 냈다는 소식은 들어본 적이 없다. 정부가 못할 거라고 믿으니 끝까지 버틴다.

설 연휴기간 모 방송 연예 프로그램에서 접한 퀴즈 문제 하나. 성 인 300명을 대상으로 가장 아까운 돈을 꼽아보라는 조사를 했다. 1번은 은행수수료, 2번은 택시비, 3번은 내가 마시지 않은 술값, 4 번은 경조사비 등 모두 4가지가 보기로 제시됐다. 소형차 1대를 경 품으로 내건 이 프로그램이 밝힌 정답 순서는 1-3-4-2순이다.

뜻밖이었다. 다른 것은 그렇다 치더라도 은행수수료가 남의 술값 을 대신 내주는 돈보다 더 아깝다? 일반인 생각이 설마 그럴까 싶다. 백보 양보해 요즘 사회 분위기를 감안했을 출제자의 의도를 넘겨짚은 눈치 빠른 응답자의 우문현답일 뿐이라고 생각해도 왠지 마땅치 않다. 은행 수입이래야 대출이자에서 예금이자를 뺀 예대마진 아니면 그 외의 수수료가 대종인데, 수수료를 받지 말라면 대신에 예대마진을 늘리라는 것인지. 언제는 이 마진이 너무 크다며 선진 금융을 위해서도 이걸 줄이고 수수료 수입을 늘리라고 하지 않았나. 뭐가 옳은지, 어찌 하라는 건지 헷갈린다.

책임감 없는 방송사의 무심 탓 정도로 돌릴 수도 있겠으나 이런 엉터리 대중매체가 시장을 망치기는 일순간이다. 말이 나왔으니 말이지 무책임을 넘어 불법의 경계를 넘나드는 전문 케이블 방송도 한둘이 아니다. 요즘 증시 작전 신모델에는 여지없이 증권방송이 등장한다. 미리 작전세력과 짜고 테마주를 선택한 뒤 종목 찍어주고 주가를 끌어올리면서 깨끗이 설거지를 해치운다.

시장의 거대한 흐름으로 보자면 이들의 죗값은 피라미급에 속한다. 요즘 중범들은 모두 여의도에서 날뛴다. 하루가 멀다 하고 그곳에서 뿜어져 나오는 '개혁' 목소리를 들어보라. 당명조차 수시로 바뀌는 족보 없는 정치집단 주제에 설익은 정책 아이디어들은 왜 이리도 많은지. 출자총액제한제를 부활한다, 재벌세를 도입한다, 카드 수수료를 절반 이하로 낮춘다, 비정규직 임금을 정규직의 80% 수준으로 올린다 등등 최근 터져 나온 것만도 열거하기에 숨이 찰 정도다.

철없는 방송, 무책임한 국회도 한심하지만 정작 더 가관은 정부다. 시장 파괴자인 주제에 자신이 마치 시장 교정자인양 떠든다. 시장의 불완전성을 들먹일 뿐, 자신의 시장 파괴 행위엔 애써 눈을 감는다. 우리가 언제 제대로 된 시장경제를 해봤는가. 그러고도 우리에게 필요한 것이 자본주의 4.0이니 5.0이니 하며 속죄 대신 시장을 재단할 권력만 다시 탐한다.

이런 식이니 정부 불신이 광범위하게 퍼져 있다. 모든 사람 혹은 절대 다수 사람의 의견이라고 단언할 수 없지만 적잖은 수의 사람들에게선 이런 마음도 읽힌다. '이번에도 정부 반대로만 하면 되는 거 아니냐'고 말이다. 정부가 경제위기와 한판 대결을 벌이고 있다지만 지난 정부의 '과거'를 돌이켜보면 경제주체들이 정부 말을 전혀 못 믿는 것도 모두 다 인과응보일 뿐이다.

외환위기 이후만 봐도 그렇다. 외환위기 당시는 영 마땅치 않지만 국제통화기금(IMF) 처방이라는 원칙 아닌 원칙이 그나마 지켜진 때인지 모른다. 하지만 그 뒤로는 모든 게 얕은 수로 일관했다. 그러다 보니 정부 말을 믿으면 손해를 본다는 인식이 팽배해졌다. 지난 십 수 년간 부동산시장이 그랬고 주식시장이 그랬다.

15년 전 위기를 다스린 경험이 있는 우리 정부로서는 제법 대응법을 안다고 으스댈지 모른다. 하지만 그건 하나만 알고 둘은 모르는 소리다. 정부가 알고 있는 이상으로 다른 경제주체들 또한 그 대처법에 익숙하다. 한마디로 내성이 생긴 것이다. 위기를 한 번 겪은 경제가 반복해서 위기를 맞을 가능성이 높은 것도 이 때문이다.

정부 말을 들으면 손해를 보고 정부 말과 반대로 하면 이익을 본다는 믿음, 이게 깨지지 않는 한 어떤 정책도 먹혀들기 어렵다. 그간 진행돼 온 구조조정 모습도 그랬다. 건설이나 조선은 물론이고 저축은행조차 기업 지배주주가 자구노력 차원에서 숨겨두었던 재산을 헐어냈다는 소식은 들어본 적이 없다. 정부가 못할 거라고 믿으니 끝까지 버틴다. 먼저 움직이는 쪽이 지는 게임과 같다. 이러니 늘 정부 지원책 소리만 요란할 뿐 성과는 미미하다. 납세자 돈을 쓰려면 그만한 고통분담이 있어야 하는데 그게 없으니 매사 정부 돈은 먼저 먹는 게 임자고 뒤따르는 책임은 따르지 않는 게 다반사다.

예대마진

대출로 받은 평균 이자에서 고객에게 돌려준 평균 이자를 뺀 나머지 부분 즉, 예금금리와 대출금리의 차이로 금융기관의 수입이 되는 부분을 말한다. 예대마진이 늘어나면 금융기관의 수입은 그만큼 늘어나게 된다. 대출금에는 현금뿐 아니라 카드대출, 당좌대출 등이 포함된다. 예수금은 원화예수금, 수입부금, 양도성 예금증서(CD) 등을 합한 후 한국은행에 예치해야 하는 지급준비금과 콜자금을 빼면 된다.

보통 대출 금리가 오르면 예금 금리도 오르게 되지만 특별한 경우 예금 금리가 대출 금리보다 오히려 높아 역(逆)마진이 생기기도 한다.

OECD 가입과
G20 개최가 불러온 파국

개별적인 세금을 살펴보기 전에 세금 일반에 관한 네 가지 격언을 전제로 할 필요가 있다. 공평(Equality, 자신의 능력에 맞춰 거의 동등하게 납세), 명확(Certainty, 모호하지 않고 명확한 세금), 납세의 편의성(Convenience of payment, 납세자에게 편리한 납세 시점과 방법), 그리고 징세의 경제성(Economy in collection, 징세 규모와 국고 납입 세수 규모의 차이를 가급적 축소) 등이 그것이다.

애덤 스미스(1664년), 《국부론》, 제5권 제1장

김대중 정부와 노무현 정부 시기는 어쩌면 세금의 계절이었는지 모른다. 그런데 이명박 정부 들어서는 금융의 계절 성격이 짙었다. 무슨 말인고 하니 이런 뜻이다. 김대중, 노무현 두 정부를 돌아보면 재정과 금융 가운데 재정과 세제 쪽이 월등히 많이 활용된 것 같다는 얘기다.

우선 김대중 정부가 그랬다. 외환위기로 금융이 망가진 상태였으니 형편상 그럴 수밖에 없기도 했다. 카드대란을 수습과제로 안고 출발한 노무현 정부도 사정이 다르지 않았다. 게다가 기득권 혁파를 위해서도 세금의 계절은 안성맞춤이었는지 모른다.

일단 정치권이 세금과 재정 쪽에 관심을 보이고 나면 이를 위한 구체적 수단은 영혼이 없는 영특한 관료들이 알아서 챙긴다. 관료 출신으로 대통령직 인수위원회 시절부터 고속 출세가도를 질주했던 민주당 김진표 의원과 변양균 전 청와대 정책실장의 주특기는 세금과 예산이었다. 그들의 관운과 때마침 맞아떨어진 셈이다.

권력은 양날의 칼이다. 일거에 혁신을 일궈 내기도 하지만 마치 저주의 화신처럼 권력이 관심의 눈길을 보내는 곳마다 곧 망가지고 부서지게도 한다. 후자의 사례에 세금이 속할 듯하다. 정권에 밉보인 저항세력을 손보기 위한 세무조사 혹은 각종 정치적 포퓰리즘에 동원된 세제와 세정은 거칠 것 없이 세상을 무너뜨리고 집어삼켰다. 공평, 명확 등 애덤 스미스가 국부론에서 제시한 세금의 4대 원칙은 바이블 속에나 있는 너무 고상한 고전일 뿐이다. 개발독재 시대보다 더 많은 국세청장이 좌파 정부 10년 사이 법의 심판에 오른 일은 이런 관점에서 곱씹을 만하다.

세금이 곤욕을 치루는 사이 금융은 상대적으로 태평성대를 누렸다. 이제는 여기저기 돈이 쌓여 쓸 곳을 기다리고 있는 형편이다. 뭘가 일을 하자면 금융을 동원해야 할 단계인 것처럼 국내외의 여건도 달라졌다. 그래서 다시 금융이 전면에 나설 조짐을 보이고 있었다. 그만큼 금융 여기저기에 살이 붙었다는 방증이다.

그래서일까. 이명박 정부는 금융에 각별한 관심을 보이며 본격적으로 일을 벌일 태세였다. 우리 금융이 한 단계 도약할 호기를 맞은 것임엔 분명했다.

그러나 기회는 늘 위험과 함께 온다. 자칫 금융의 계절이 금융의 실패 시대로 이어지지 말란 법이 없다. 가장 경계할 일은 포퓰리즘과 성급한 성과주의, 그에 따른 관치망령이었다. 그리고 결과는 역시 관치의 확대를 넘어 권력이 금융까지 넘나드는 권치로 나타났다. 4대 금융지주 가운데 하나금융을 제외한 세 곳이 모두 파란을 겪었다. 안타까운 일이었다. 당시 이명박 대통령이 공언했던 시장과 민간을 섬기겠다는 약속은 전혀 지켜지지 않았다.

지난 15년에 걸쳐 진행되어 온 세금의 계절과 금융의 계절을 비교해보면 흥미롭다. 세금을 갖고 장난을 치는 정권이 치사하기로는 더 치사하고 악랄하기로도 더 악랄하다. 하지만 그 파장은 단기적이고 제한적이다. 반면 금융이나 환율을 함부로 만지면 그 파장은 제법 크게 증폭돼 되돌아온다. 그동안 우리가 겪은 경제위기들이 대부분 그랬다. 실물에서 잉태된 거시경제 불균형이 금융과 외환 쪽으로 전이되며 충격을 줄 때 위기는 어김없이 찾아왔다.

 갑자기 무에서 유가 나타나는 것이 아니라 이미 존재하
는 것에서 새로운 돌연변이 모멘텀이 포착되는 것이다.

우리 금융시장, 우리 한국 경제를 보면 블랙스완들이 여럿 스쳐
갔다. 각각의 블랙스완들은 어쩌면 언젠가 한번 목격한 것만 같은
아련한 데자뷰처럼 교차된다.

1996년 경제협력개발기구(OECD) 가입 당시 김영삼 정부는 선진
국 클럽에의 가입을 명확한 이정표로 삼았다. 1인당 국민소득 1만 달
러가 당면 과제였다. 여기에 안성맞춤이 원화값의 적극적 절상, 즉 환
율절하였다. 하늘이 도운 듯 때마침 불어 온 반도체 수출 호황은 가파
른 환율 하락을 견인했다. 그러나 이것이 착시였다는 것을 알게 되기
까지 그리 오랜 시간이 걸리지 않았다. 반도체 호조에 가려 잘 보이지
않았을 뿐 경제 전반의 경쟁력과 활력이 심각하게 후퇴하고 있었다.
반도체만 제외하면 이미 경상수지도 적자로 반전된 상태였다.

위기를 촉발시킨 계기가 이랬다는 것이고 사실 근본 원인은 복합
적이다. 전임 군사정권 시절부터 쌓여온 중화학공업화의 대마불사
식 중복투자와 구조조정 지연, 갑작스런 민주화 욕구 분출에 따른
정치적 리더십 분열 등.

17년 전 얘기는 이 정도로 하고 얼마 전 나라 전체를 떠들썩하게

163

만든 저축은행 사태를 돌아보자. 당시 저축은행 비리 뉴스를 듣고 있자면 그 비린내가 장난이 아니었다. 아무리 고양이에게 생선을 맡긴 경우고 지난 정부에서 넘어온 암 덩어리라지만 정말 이 정도일 줄은 몰랐다. 해외 투자가 안 되는 저축은행이 누군가와 특수목적회사(SPC)를 만들고 이를 통해 5,000억 원이나 되는 돈을 '킬링 필드' 캄보디아에 투자한다며 갖고 나갔을 때 이미 말이 안 되는 일이었다.

그런데 이토록 썩은내 진동하게 왜 여직 가만히 있었을까. 이명박 정부 첫 해인 2008년엔 글로벌 위기 때문이라고 치자. 그러면 2009년 후반이나 늦어도 2010년엔 수술 메스를 들이댔어야 하지 않았을까.

2010년 말에 개최된 주요 20개국(G20) 정상회의에 답이 있다고 생각한다. '747 공약'이 금융위기에 쓰나미처럼 쓸려나간 뒤 이 정부가 새로 설정한 이정표는 성공적인 위기 극복과 G20 회의 개최였다. 저축은행 구조조정이 우선순위에서 밀리는 건 당연했다. 더욱이 저축은행 사태는 기껏해야 십수 조 원짜리의 찻잔 속 태풍에 그칠 작은 사고로 예정됐던 것 아니던가.

그러나 최대 치적과 최악의 패착은 종이 한 장 차이다. 위기를 극복한 정권이 되느냐 아니면 위기를 잉태한 정권이 되느냐도 역시 종이 한 장 차다. 17년 전 '반도체 착시'는 '자동차와 조선 착시'로 다시 찾아오는 듯하고 불과 17년 전 한은법 개정 파동처럼 위기 때면 나타나는 기득권 집단 간 정쟁 양상이 이번엔 검찰과 금융감독기구

2010년 가을 서울에서 개최된 G20 정상회의는 이명박 정부가 성공적인 위기 극복을 대내외
에 선전하는 매개 역할을 했다.

를 포함해 사방팔방으로 퍼질 조짐이다. 천정부지의 기업 부채비율
은 이제 천문학적 단위의 가계부채로 치환된 모습이다. '감사 저항
세력' 탓만 하는 감사원, 삼화 부산 등 영·호남 저축은행을 꽃놀이패
처럼 양 손에 나눠 쥔 검찰, 정무와 민정 쪽 논리가 경제를 압도하는
청와대 등 모두 정쟁 중이긴 마찬가지였다.

저축은행 수술 지연이 몰고 올 부작용을 너무 과소평가한 것도
뼈아픈 실착이었다. 수술 대신 국제결제은행(BIS) 자기자본비율 눈
속임을 묵인해주다보니 억지 증자나 합병 관련 청탁비리를 거꾸로
유도한 꼴이 됐다. 좀 더 일찍 부실 저축은행 퇴출이 이뤄졌다면 겪
지 않았을 부작용들이었다. 뒤늦게나마 2011년에 추진하다가 갑자
기 좌절됐다는 저축은행 조기수술론에 대해 당시 윤증현 기획재정
부 장관, 최중경 청와대 경제수석, 진동수 금융위원장, 김종창 금융
감독원장은 진상을 소상히 밝혀야 한다.

용어설명

국제결제은행(BIS)

국제결제은행(BIS)은 1930년 1월 헤이그협정에 의거 설립된 중앙은행간 협력기구로 현존하는
국제금융기구 중 가장 오래된 기구다.
BIS는 독일의 전쟁배상금 지급 문제를 계기로 설립된 점을 반영, 초기에는 주로 결제기관으로서
의 역할 수행에 중점을 두고 운영되었지만 시대적 상황에 따라 점차 그 기능이 변화해 갔다. 1988
년에는 바젤합의를 통해 은행 시스템의 건전성 확보와 국제적 감독 기준 마련을 목적으로 하는
'BIS 기준'이라는 자기자본규제안을 발표했다. BIS 자기자본비율은 위험가중자산에 대한 자기자
본비율을 의미해 BIS 기준은 위험가중자산의 최소 8%를 자기자본으로 보유토록 유도하고 있다.

특보와 공무원의
패싸움

'공무원, 변해야 산다'고 하지만 우리 공무원은 변신의 귀재들이다. 다만 5년 단임제가 유지되는 한 매번 정권에 눈을 맞춰야 하니 공무원들로선 돌아버릴 지경이다.

앨런 그린스펀, 그는 전임 미국 연방준비제도이사회(FRB) 의장이다. 그에겐 경제정책의 마에스트로라는 칭송과 함께 지금의 신용위기를 잉태시킨 사기꾼이란 비난도 교차한다. 마에스트로와 사기꾼, 어느 쪽이 더 진실에 가까울까. 이 판단에 도움을 줄 자료 한 가지가 여기 있다. 바로 재임기간 중 그린스펀의 백악관 방문 기록이다.

1990년대 말 클린턴 행정부 2기에는 그린스펀의 백악관 방문이 연평균 3회에 불과했다. 그러던 것이 부시 대통령 집권 이후 연간 평균 44회로 무려 15배나 폭증했다. 그나마 경제자문회의 등 백악관 공식 회의는 제외한 숫자다.

독립성을 생명으로 한다는 FRB 수장이 백악관을 빈번하게 들락거린 일을 어떻게 해석해야 할까.

당시는 2001년 9·11 사태를 겪은 뒤 2003년 이라크전을 개전하면서 역사상 가장 낮은 1% 수준의 연방기금 금리를 향해 금리인하를 단행하기 시작할 무렵이다. 따라서 이 자료는 그린스펀이 전임 민주당 정부에서 넘어온 기관장이면서도 부시 정부 들어 공화당 정책에 적극 협력하기 시작했음을 보여주는 방증인 셈이다.

그렇다고 해서 그를 배신자라고 말하기는 곤란하다. 미국 FRB 시스템에서 워싱턴DC의 본부 이사와 의장은 지역 FRB 총재들과 신분이 다르다. 지역 연준이 공공기관 혹은 공기업 정도도 생각할 수 있다면 연준 본부는 행정부의 일부로 간주된다. 중앙은행 기능뿐 아니라 검사 징계 등 금융감독에 관한 공권력까지 대표하기 때문이다. 따라서 본부 이사와 의장은 공무원 신분이다.

크게 잘못된 일이 아니라면 공무원으로서 정부 정책과 인사권자의 뜻에 조화를 이루는 것이 자연스런 처신이다. 이렇게 본다면 마에스트로나 사기꾼보다는 '유능한 하수인' 쯤이 그린스펀에겐 더 냉정한 평가가 아닐까 싶다.

이쯤에서 국내 상황으로 얘기를 돌려보자. 어느 정부나 취임 초기에 인사 문제로 시끄럽기 마련이다. 정권을 잡은 쪽에선 자기 사람들을 여기저기 쓸 만한 자리에 앉히고 싶지만 기존 인사들의 반발이 만만치 않다. 그렇다고 산하기관 인사에 자기 사람들을 앉히는 일에 등한시했다가는 자기를 지지해준 지지층 인사들이 요동을 친다. 자리만을 탐해서 정권 창출을 도운 건 아니라 해도 그런 전리품이 없다면 누가 기꺼이 나서서 리스크를 짊어졌겠느냐는 주장이다.

정권교체기에 이 같은 마찰적 갈등이 가장 심했던 경우가 이명박 정부 초기였다. 같은 수평적 정권교체라도 IMF 외환위기 때 들어선 김대중 국민의 정부 땐 한결 수월했다. 위기 도중이었으니 누구도 권력에 저항할 엄두를 내지 못했다. 그러나 이명박 정부는 상황이 다르다. 수평적 정권교체기는 마찬가지이지만 평상시 정권교체가 수평으로 이뤄지기는 그 때가 처음이었다.

그래서 그랬을까. 이명박 대통령(MB) 취임 100일을 넘기면서도 상황은 참담하기 그지없었다. 전임 정부 기득권층의 노골적인 저항을 제압하는 데 적잖은 시간이 걸렸다. 더욱이 5만 명이 넘는다는 MB특보들과 공무원 사이에서 벌어진 조용한 패싸움은 이 과도기적 혼란을 더욱 부채질했다.

권력이동의 핵심은 인적 교체로 표현된다. 일찌감치 우세한 대선 후보로 부각된 탓에 MB캠프엔 '한자리'를 기대하는 엄청난 수의 특보군이 몰렸다. 게다가 500만 표 차이 낙승이 아니었던가.

교수들 중심으로 청와대와 내각을 짠 것도 장사진을 치고 있던 대기인력을 소화해야 하는 일과 무관치 않았건만 자리는 턱없이 모자랐고 그래서 모든 기관장에게 자리를 비워달라고 호통도 치고 공무원 배제, 민간 우선이라는 인사원칙도 세웠다. 하지만 옛날 방식으로 확 밀어버릴 수도 없으니 매사가 뜻대로 안 돌아갔다. 그러고 나니 공무원만 입이 나온 게 아니라 MB특보군에서도 볼멘소리가 나오기 시작했다.

박근혜 정부 들어서는 상황이 조금 달라졌다. 박 대통령 입장에서 신세 진 사람이 그리 많지 않기 때문인지 첫 정부 인사부터 논공행상식과는 거리가 있었다. 공무원을 중심으로 전문가 기용이 많은 편이었다. 그렇지만 역시 특보들의 인사 압력은 거셀 수밖에 없다. 박 대통령이 직접 나서 공공기관 인사를 거론하고 국정철학을 공유하는 사람들이 새로 임명돼야 한다는 뜻을 밝힌 것도 이런 압력에 대한 화답이었다. 공무원 중심의 인선이 이어지자 이명박 캠프 때보다 결코 적지 않은 수의 박근혜 캠프 특보들로부터 볼멘소리가 터져 나오는 건 당연했다.

참 어려운 일이다. 그러면 어찌 해야 할 것인가.

우선 취임 100일 수습책에 공무원 끌어안기부터 하는 게 상책이다. 이런 점에서 박근혜 정부가 공무원 중심으로 첫 인선을 선보인 것은 나름 전략적 판단이었다고 평가한다. 공무원을 끌어안으라는 게 정부조직이나 공무원 수를 줄이지 말란 얘기가 아니다. 그들을 다그치기보다 구슬리라는 말이다. 그래야 공무원 사회가 능동적으로 움직인다. 그린스펀처럼.

'공무원, 변해야 산다'고 하지만 우리 공무원은 변신의 귀재들이다. 다만 5년 단임제가 유지되는 한 매번 정권에 눈을 맞춰야 하니 공무원들로선 돌아버릴 지경이다.

변화 속도도 줄여야 한다. 자리를 기다리는 특보들 탓이 크겠지만 변화 속도가 너무 빨라 문제가 커지고 있다. 특히 중심부(청와대)가 조금만 속도를 내도 공무원의 교조주의와 과잉충성으로 주변부에는 엄청난 가속도가 붙는다는 사실을 잊어선 안 된다.

공무원보다 더 큰 문제는 사실 공공기관, 즉 광의의 국가기관들이다. 자리 부족 탓에 정권이 막무가내식 억지를 쓰고 있는 측면도 없지 않아 보인다. 하지만 일부 기관장은 버텨도 너무 버틴다는 생각도 든다. 특히 전임 정부에서 정치적 판단에 의해 임명된 인사라면 새 정부의 코드와 어느 정도 조화를 이루든지 그렇지 않으면 스스로 물러나는 게 국민에 대한 머슴된 자세다.

공무원이 장악된 뒤라면 공공기관 인사에서도 칼자루를 잡고 칼을 휘두를 수 있다. 이명박 정부의 실패 사례는 공무원이 완전 장악되지 않은 상태에서 자칫 칼을 휘두르려다 칼을 제대로 써보기도 전에 위기가 엄습하며 오히려 비상시국을 맞게 되었다는 점이다. 안타까운 일이었다.

Part 3

거품의 시대

그린스펀 의장의 백악관 방문 횟수는
클린턴 행정부 2기(1996~2000년)엔 연간 평균 3회였으나
부시 대통령 집권 이후인 2001년부터는 연간 평균 44회로 급증했다.

달러를 움직이는
워싱턴 사람들

그린스펀 의장의 백악관 방문 횟수는 클린턴 행정부 2기(1996~2000년)엔 연간 평균 3회였으나 부시 대통령 집권 이후인 2001년부터는 연간 평균 44회로 급증했다.

좀 오래 전 얘기다. 2000년대 중반이었다. 오스카상 시상식의 사회를 본 사람은 젊은층을 중심으로 인기 높은 흑인 코미디언 크리스 록이었다.

일요일 밤 오스카상 시상식을 중계한 ABC방송은 이 코미디언을 사회자로 기용함으로써 그동안 TV에서 멀어진 젊은층을 다시 TV 앞으로 불러보자는 구상을 했다. 광고주들의 주된 공략대상인 18~34세를 잡겠다는 계산이었다.

결과는 절반의 성공이었다. 전체 시청자 수는 예년 수준에 조금 못미친 4,150만 명. 하지만 젊은 시청자의 시청률은 기대대로 크게 올랐다.

크리스 록이 젊은 시청자를 잡아 끄는 매력은 입심인데, 그날도 그 능력이 유감없이 발휘됐다.

"부시 대통령은 역시 보통 사람이 아니더군요. 그가 백악관에 처음 들어온 2000년엔 흑자로 시작했는데 지금은 70조 달러 적자라는군요. 여러분, 여러분이 갭(GAP) 매장에서 일하는데 그날 영업을 마치고 정산을 해보니 70조 달러가 부족하다고 생각해봐요. 보통 사람이라면 그냥 해고 아니었을까요?"

미국의 재정적자가 오스카상 시상식까지 화제로 등장한 순간이다. 미국의 재정적자와 달러가치 불안이 이제 미국에선 경제학자들의 골칫거리를 넘어 일반인의 공공연한 경제상식이 됐다.

이쯤되니 세계 경제대통령으로 불리던 앨런 그린스펀 당시 미국 연방준비제도이사회(FRB) 의장도 "미국의 재정적자는 더 이상 지탱하기 어려운 수준"이라고 고백했다. 2005년 3월 초 의회(하원 예산위원회) 청문회에서의 증언 내용이다.

달러의 주인 FRB

어느 나라나 화폐 발행을 조절해 물가를 안정시키고 지속적인 경제 성장을 유도하는 게 중앙은행의 임무이자 권한이다. 그런 의미에서 FRB는 명목상 미국 달러의 주인이나 마찬가지다.

미국에서 달러가치에 가장 큰 영향을 미치는 곳은 연방준비제도 이사회이고 그곳의 최고 실력자는 당연히 의장이다. 그린스펀에 이어 지금은 학자 출신인 벤 버냉키가 의장직을 맡고 있다.

그린스펀 의장의 2005년 의회 청문회 증언으로 돌아가보자. 그린스펀이 오스카상 사회를 맡은 크리스 록처럼 부시 행정부의 산더미 재정적자에 이의를 제기하고 나선 셈이다. 여기까지만 보면 마치 그린스펀이 부시에 반기를 든 양 비칠 수 있다. 하지만 상황이 그렇게 단순하지는 않다.

2004년 대통령선거 과정에서 민주당이 그토록 부시 행정부의 재정적자를 공격했건만 그린스펀은 당시엔 거기에 동조하지 않았다. 대선 과정을 뜨겁게 달궜던 경기 논쟁에서도 그린스펀은 부시와 공화당의 손을 들어줬다. 기회가 있을 때마다 되려 미국 경기가 건강한 회복 국면으로 서서히 진입하고 있다고 강조했다.

경기 회복에 대한 신뢰가 확산되고 자신감마저 감돌기 시작하자 그린스펀은 2004년 6월부터 금리인상을 시작했다. 가급적 금리인상 시점을 늦춰달라는 부시 대통령의 간곡한 당부를 받아들인 행동이라는 평가가 워싱턴에선 공공연했다. 그린스펀과 백악관의 관계는 대단히 돈독한 편이라는 게 일반적인 평가다.

앨런 그린스펀 의장이 부시 행정부 출범 이후 클린턴 행정부 때와는 비교할 수 없을 정도로 자주 백악관을 방문한 것이 그 근거로 제시되기도 한다. 〈워싱턴 포스트〉에 의하면 그린스펀 의장의 백악관 방문 횟수는 클린턴 행정부 2기(1996~2000년)엔 연간 평균 3회였으나 부시 대통령 집권 이후인 2001년부터는 연간 평균 44회로 급증했다. 무려 10배가 넘는 방문 횟수에는 그나마 백악관 경제자문위원회와의 접촉은 포함시키지 않은 것이다.

2003년 여름 미 연준 측이 어느 대학 교수의 정보 공개 청원을 수용해 밝힌 자료에 의하면 그린스펀이 면담한 인사는 부시 대통령 외에 앤드류 카드 당시 백악관 비서실장, 딕 체니 부통령, 콘돌리자 라이스 당시 안보보좌관, 도널드 럼즈펠트 국방장관 등이다. 특히 체니 부통령을 많이 만났는데, 총 17회 기록이 남아 있다. 차기 연준 의장 지명에 그린스펀과 함께 체니의 입김이 작용할 것이란 설이 나돌았던 배경이다.

다음으로는 훗날 국무장관을 거치게 되는 라이스 당시 안보보좌관 12회, 럼즈펠드 장관 11회, 카드 실장 6회, 추후 세계은행 총재로 자리를 옮긴 폴 울포위츠 국방부 부장관 2회, 콜린 파월 전 국무장관 1회 등이다. 대부분 안보 관련 고위공직자들이었던 점이 특이한데 이라크전에 따른 경제 영향 등과 관련해 협의를 했을 것으로 보인다.

재미있는 것은 그린스펀 의장의 백악관 방문이 연준의 공식 기록으로 남으며 이에 대한 정보공개 요구를 받는 경우 정보자유법에 의거해 내용을 반드시 공개해야 한다는 점이다. 우리나라에선 상상하기 어려운 모습이다.

당시 미국에서 그린스펀 의장이 부시 대통령을 지지하는 듯한 인상을 안 가진 사람은 그리 많지 않았다. 하지만 그렇다고 그린스펀이 어느 한쪽 편을 일방적으로 든다며 비판하는 언론 기사를 찾기는 더욱 어렵다. 그만큼 그의 권위가 인정되는 곳이 미국이고 워싱턴이다.

그런 그가 드디어 미국의 재정적자를 대놓고 걱정하기 시작했고, 더 나아가 아시아 중앙은행들의 달러자산 다변화 가능성을 인정하는가 하면 그로 인해 나타날 수 있는 달러가치에 대한 악영향 가능성을 배제하지 않는 발언까지 했다. 당시 부시 대통령에겐 곤혹스런 모습일 수 있다.

하지만 당시 그린스펀 의장은 여전히 부시의 편을 들고 있었다는 게 워싱턴의 시각이다. 그린스펀 의장은 일단 부시의 사회보장(Social Security)연금 개혁을 지지했다. 그는 누차 부시 대통령의 개인계좌(Personal Account) 도입에 대한 찬성 입장을 밝히면서 재정적자를 치유하기 위해 그 같은 조치가 필요하다고 강조했다. 그린스펀 의장이 재정적자를 강하게 걱정하고 나선 데에는 부시 대통령의 연금개혁을 지지하기 위한 논리적 구성 측면이 강했다는 해석이 옳다.

미국 연준(FRB) 의장이 달러에 관한 한 최고의 파워맨임은 주지의 사실이지만 그의 영향력은 기본적으론 연준이라는 기관에서 나온다. FRB는 세계에서 경제학 박사를 가장 많이 보유한 기관이다. 이곳에서 달러가치를 예의주시하고 정책자료를 작성하는 부서는 국제금융국(International Finance Division)이다.

장단기 금리의 수수께끼

미 연준은 다른 나라의 중앙은행과 마찬가지로 물가와 달러가치의 안정과 이를 통한 지속 성장을 목표로 하고 있다. 이 같은 목표를 달성하기 위한 미 연준의 정책수단은 금리다.

거의 매달 열리는 연방공개시장위원회(FOMC)에서 연방기금 금리(Federal Fund Rate)라는 단기금리 조절을 통해 시장에서 형성되는 장단기금리에 정책 방향 신호를 보낸다.

미 연준의 금리정책은 단호하기로 유명하다. 한 번 금리를 올리기 시작하면 쉬지 않고 연거푸 올린다. 내릴 때도 마찬가지다. 2004년 6월부터 시작된 금리인상이 2006년 6월까지 17차례 연속적으로 이루어진 것을 보면 알 수 있다. 일부 전문가들은 미 연준이 연속적인 금리인상을 멈추고 한두 번 잠시 쉬어갈 것으로 보기도 했지만 그 예상은 빗나갔다.

미 연준이 환율에 대해 구체적으로 언급하는 예는 드물다. 다른 나라와 마찬가지로 외환과 환율은 재무부 소관으로 보기 때문이다. 하지만 환율이 수입물가에 영향을 미침으로써 결국 연준이 챙겨야 하는 물가의 중요한 변수가 되기 때문에 이따금 공개적인 발언 대상이 되기도 한다. 그동안 연준은 달러가치 약세로 수입물가가 계속 올라가고 이에 따라 국내 물가가 악영향을 받고 있다고 지적해왔다. 하지만 그 영향의 정도가 그다지 심각하지는 않다는 톤이다.

오히려 연준이 가장 걱정하는 것은 장단기 금리 사이의 연관관계 붕괴현상이었다. 연방기금 금리 같은 단기 정책금리를 계속 올리는데도 장기금리가 꿈쩍도 하지 않고 거꾸로 떨어지는 현상까지 나타난 바 있다. 그린스펀 의장은 2004년 6월 금리인상을 시작해 이미 단기금리를 2%포인트 올렸을 때까지도 10년물 이상의 장기 국공채 금리가 거꾸로 1%포인트 가까이 떨어지고 있음을 관심 있게 봐야 한다고 지적했다. 그는 이 현상을 수수께끼(Conundrum)라고 불렀다.

미국 경제학계 최대 논란 중 하나인 이 문제를 놓고 학계와 월가에서는 4가지 가능성을 제시했다. FRB의 인플레 억제능력에 대한 시장의 지나친 신뢰, 유럽 등의 경제활력 저하로 인한 과도한 저축, 환율방어를 위한 아시아 중앙은행의 미국채권 대량 매입, 미국 경제의 구조적 하강 등이다.

하지만 연준과 그린스펀은 이 가운데 미국 경제의 구조적 하강론과 장기 인플레심리안정론에 대해선 신빙성이 약하다고 주장했다.

특히 구조적 경기하강론에 대해선 결코 동의할 수 없다는 입장이었
다. 그동안 자기가 이룩한 경기 회복이 혹시나 공격받고 상처받을
수 있다는 판단 때문이었던 듯하다.

대신 그린스펀은 "장단기 금리차나 장기채권의 수익률 및 위험도
의 격차가 축소된 것은 미국뿐만 아니라 전 세계적 현상"이라며 소
비에트 붕괴와 중국, 인도 등의 세계 시장 편입 이후 나타난 세계적
자본 흐름 원활화에 무게를 두었다. 자본의 세계화 다음으로는 유
럽의 더딘 경기 회복과 과도한 저축에 혐의를 뒀다. 하지만 자본의
세계화나 유럽의 경기 부진이 어제오늘 시작된 새로운 현상이 아니
라는 점이 이 설명의 약점이다.

단기금리를 올렸을 때 장기금리도 움직여줘야 정책의 약발이 먹
는 것은 당연하다. 미 연준은 이 정책의 유효성을 확보하기 위해서
라면 어떤 식으로든 금리를 적극적으로 운용한다.

아직은 유럽이나 아시아 국가들이 알아서 미리 달러를 사들이고
있고 달러자산을 마구 내다팔지 않는 현실이지만, 금리 제어장치가
여전히 복원되지 못한 상황에서 달러가치에 대한 신뢰가 계속 떨어
질 경우 외국인의 달러자산 투매가 나타나고 미국은 금리를 더 가
파르게 올릴 수밖에 없다. 그야말로 '추락하는 것은 날개가 없는' 형
국이 올 수도 있다. 그런데 불행하게도 달러가치가 언제까지, 그리
고 얼마나 빨리 떨어질지는 그린스펀도 연준도 모르는 판도라의 상
자로 여전히 남아 있다.

예전만 못한 트레저리(Treasury, 미국 재무부) ⅠⅠⅠⅠⅠⅠⅠⅠⅠⅠⅠⅠⅠ

'비나인 니글렉트(Benign Neglect)'라는 말이 있다. 외교나 경제 분야에서 많이 쓰이는 말인데 문제의 핵심을 대수롭지 않게 모른 척하며 은근히 외면하는 대처 방식을 뜻한다고 생각하면 된다.

존 스노우 전 미국 재무장관을 비롯해 미국 재무장관들의 달러 관련 발언이 딱 여기에 해당한다. 스노우 장관은 기회가 있을 때마다 "미국의 정책은 강한 달러다. 우리는 시장이 환율을 결정해야 한다고 믿는다"고 말했다. 그러자 언론은 '비나인 니글렉트'라는 평가를 반복했고 시장은 그의 발언이 달러약세를 용인하는 것이라고 해석하며 달러를 팔았다.

달러가치와 관련해서 역대 미국 정권 가운데 은근히 핵심을 외면하는 방식으로 대응했던 사례는 과거 부시 행정부 외에 두 번 더 있었다. 닉슨과 레이건이다. 이들은 두 번째 임기에서 결국 결단을 내린다. 닉슨은 달러와 금과의 태환을 정지시키는 스미소니언합의를 이끌어냈고 레이건은 플라자합의를 만들어 냈다. '비나인 니글렉트'가 '무책이 상책'이라는 말로도 해석되지만 경우에 따라선 '무시했다가 큰 코 다치는 꼴'로 연결되는 양면성을 보여주는 사례다. 물론 금과의 태환 정지와 플라자합의로 인해 큰 코를 다친 건 미국이 아니라 다른 나라였지만 말이다.

그런데 재미있는 것은 미국이 이 같은 국제금융상의 변화를 겪은 시점에는 대단히 강력한 재무장관을 두고 있었다는 점이다.

2차 세계대전 종료에 즈음해 미국 뉴햄프셔주의 브레튼우즈라는 곳에서 연합국 중심의 44개국이 모여 창설한 브레튼우즈체제는 지금까지 서너 차례의 큰 변화를 경험한다. 모두 미국의 감세정책에 의한 거대한 적자와 달러가치 하락이 문제였고, 그때마다 미국은 강력한 재무장관을 새로 임명하면서 돌파구를 찾았다.

먼저 1971년 달러와 금의 태환을 정지하고 달러가치를 평가절하한 스미소니언체제를 보자. 1971년 12월 17, 18일 이틀간 워싱턴 시내 스미소니언박물관에 G-10 10개국의 재무장관과 중앙은행장들이 모여 만들었다고 해서 이름 붙여진 스미소니언합의는 훗날 민주당 대통령 경선까지 나선 존 코널리 재무장관의 작품이다. 당시 닉슨 대통령은 의회 선거에 패배한 뒤 거국내각 차원에서 민주당의 텍사스주지사 출신 거물인 코널리를 재무장관에 앉힌 뒤, 8월 15일 내국세 감세와 수입관세 인상 등의 경제비상조치를 단행한다. 그럼에도 불구하고 달러가치가 계속 곤두박질치자 코널리 장관은 스미소니언합의를 도출해 낸다.

스미소니언합의에 의한 달러본위 고정환율제는 그러나 1년도 버티지 못하고 국제 금융질서를 다시 혼란에 빠뜨리고 만다. 1973년 3월 파리에서 열린 국제회의에서는 결국 고정환율제가 공식적으로 폐기되는데 이때 재무장관은 훗날 레이건 행정부에서 국무장관까

1976년 1월 자메이카 킹스턴에서 변동환율제를 골자로 한 킹스턴체제가 공식 출범한 뒤 미국은 엄청난 인플레에 시달린다. 거기다 오일쇼크까지 겹치자 미국은 1979년부터 금융정책을 긴축으로 몰고 가고, 이는 거대한 무역적자 속의 달러가치 강세로 이어졌다. 결국 미국은 1985년 9월 22일 일본, 독일, 프랑스, 영국 등과 함께 구성한 선진 5개국 G-5를 통해 플라자합의를 유도한다. 뉴욕 플라자호텔에서 이뤄졌다고 해서 이름 붙여진 플라자합의는 그해 2월 4일 재무장관에 취임했던 제임스 베이커의 야심작이다.

힘깨나 썼던 역대 재무장관과 비교하면 스노우 장관은 결코 실세 장관으로 통하지 않는다. 부시 행정부의 경제정책은 재무부보다는 백악관에서 직접 챙기는 경향이 강하다. 미국 언론들은 심지어 스노우 장관의 재무부를 전임 클린턴 행정부의 로버트 루빈과 래리 서머스 재무장관 시절의 재무부와 비교해, 백악관의 지원을 받지 못하고 있는 '약체 트레저리'로 평가했다. 그래서 경제정책에 재무부의 입김이 먹히지 않고 있고 달러약세에 대한 근본 대책도 찾아보기 어렵다는 것이다.

미국이 국제 금융질서에 거대한 바람을 일으키는 타이밍은 과거 사례를 비춰볼 때 감세를 단행한 정부의 집권 2기에 강력한 재무장관을 등장시키면서 시도된다는 공통점이 있다. 감세로 인해 야기된 국제 경제적 불균형이 집권 1기 후반부터 나타나고 이것이 집권 2기에 들어와 확대·재생산의 길로 들어서면서 새로운 국내 정치적 압력으로 등장하게 되면, 그때 이를 해소하기 위한 국제적 압력과 협의를 시작하는 게 그동안 줄곧 반복돼 온 패턴이다.

재무부 내부로 들어가 보면 환율을 포함해 국제 경제 이슈를 챙기는 곳은 국제 업무 파트다. 담당 차관이 있고 그 밑에 국제 업무 차관보, 그리고 차관보 밑에 국장들이 포진하고 있다. 지역별 담당 국장이 2명 있고 그 외에 업무별 국장이 5명 더 있다. 국제채무 및 개발담당, 국제금융정책, 다자발전기구, 기술지원, 무역투자정책 담당 국장이 그들이다.

이 가운데 환율을 챙기는 곳은 국제금융정책국이며 산하엔 국제 은행 및 증권시장 담당, 국제금융정책 담당 과장이 포진하고 있다. 이곳에서는 매일 유로나 엔화 같은 주요 통화에 대한 달러의 환율 변동을 체크하는 것은 물론 매년 의회에 보고하는 외국 환율정책에 대한 보고서를 초안한다.

싱크탱크와 의회

워싱턴에서 연방준비제도이사회와 재무부 이외에 환율을 놓고 영향력을 행사하는 곳을 고르라면 그것은 의회와 싱크탱크다.

미국 의회는 상임위원회 활동이 대단히 활발하다. 본회의는 잠깐인 반면 상임위는 1년 내내 개회하고 있다고 해도 과언이 아니다. 상원과 하원에는 모두 250개 정도의 위원회와 소위원회가 등록돼 활동하고 있다.

이 가운데 환율과 관련해 관심 많은 곳은 상원에서 금융위원회, 은행·주택 및 시장위원회, 중소기업위원회 등이고 하원에서 금융서비스위원회, 중소기업위원회 등을 들 수 있다. 대통령선거 과정에서 중국의 값싼 제품 수입에 따른 미국 내 기업의 고충을 거론하며 중국에 위안화 평가절상을 촉구하는 성명서를 채택하는 곳이 이 위원회들이다.

의회의 상임위원회 활동에 직접적인 영향을 미치는 곳은 각종 산업협회다. 대표적인 것으로 전미제조업협회(NAM)라는 곳이 있다. 미국 제조업 기업들이 회원사로 등록돼 있는 곳인데 달러가치가 크게 떨어지기 시작하기 전부터 상원과 하원에 이미 여러 차례 건의서를 제출한 바 있다. 중국 위안화 절상을 위해 미국 정부가 압력을 행사해 달라는 내용의 건의서다.

이처럼 각종 협회의 건의서를 활용하는 방법으로 목소리를 낼 때가 있지만 이런 경우를 제외하면 의회가 직접 외국의 환율정책에 대해 언급하는 것은 가급적 자제하는 분위기다. 내정간섭이라는 인식을 줄 수 있다는 우려 때문이다. 그러나 미국에서는 행정부 위에 의회가 있다는 말이 실감날 정도로 의회의 권한과 권위가 대단하

다. 의회 분위기가 재무부 등에 곧바로 전달돼 재무부의 정책에 직
간접적으로 영향을 미친다고 보면 된다.

　의회와는 달리 대단히 자유롭게 혹은 공격적으로 외국의 환율정
책을 거론하는 곳이 워싱턴의 싱크탱크들이다. 워싱턴엔 상당히
많은 싱크탱크들이 있다. 공화당 계열의 미국기업연구소(AEI), 헤
리티지재단, 케이토연구소, 민주당 지지를 표방하고 있는 브루킹
스연구소 등 이름이 널리 알려진 연구소만도 즐비하다. 하지만 이
연구소들의 주된 관심은 대부분 국내 정치와 사회, 외교안보 등의
특정 영역에 쏠려 있다. 경제 분야 전문가들이 일부 포진하고 있지
만 그들도 대부분 국제무역 등에 관심이 많고 환율 영역을 직접 다
루진 않는다.

　이들과는 달리 국제 경제 분야에 연구의 초점을 맞추고 있는 곳이
피터슨국제경제연구소(IIE)다. 재무부 차관보 출신인 프레드 버그
스텐이 1981년에 설립한 국제 경제 분야 전문 싱크탱크다. 설립 이
후 국제경영연구소로 불려 오다가 2006년부터 피터 피터슨 전 대통
령 국제경제보좌관을 기리며 연구소 이름에 피터슨이 추가됐다. 이
연구소는 프레드 버그스텐 소장의 개인적 역량에 의해 설립되고 운
영돼 왔으면서도 그동안 엄청난 성장을 구가했다. 얼마 전 워싱턴에
서도 금싸라기 땅으로 간주되는 매사추세츠 거리에 새로운 빌딩을
지어 독립했을 만큼 잘 나가는 연구소다. 그동안 이 연구소가 워싱

턴에서 얼마나 큰 영향력을 행사해 왔는지를 간접적으로 보여준다. 다만 최근 과거에 비해 정부에 대한 영향력이 다소 줄어든 것으로 평가된다. 대신 노동조합 등 각종 이익단체의 지원을 받으며 그쪽 논리를 주로 대변하고 있다는 평가다. 그럼에도 불구하고 환율 문제에 관한 한 워싱턴의 대표적 싱크탱크임엔 분명하다.

미국의 쌍둥이 적자와 세계적 수지 불균형의 시정과 관련한 미국 내 논의를 보면 크게 두 가지로 의견이 갈려 있다. 하나는 경상수지 흑자국과 적자국 사이에 환율 불균형이 존재하므로 적절한 환율 재평가가 무엇보다 중요하다는 입장이다. 특히 미국에 대해 경상흑자를 많이 내는 중국, 한국, 일본 등 동아시아국의 환율이 크게 절상돼야 한다고 주장하고 있다.

다른 하나는 환율만으로 문제가 해결될 수 없고 불균형의 근본적인 원인은 다른 곳에 있다는 입장이다. 미국이 대규모 경상적자를 벗어나지 못하고 있는 것은 미국이 저축은 않고 소비만 하기 때문이라는 진단이다. 미국 내부의 불균형이 더 큰 요인이라는 입장이다.

워싱턴의 싱크탱크는 대부분 후자의 입장을 견지하고 있다. 환율 재평가가 당장은 효과가 있을지 모르지만 근본적으론 미국의 저축률을 높여야만 해결이 된다는 입장이다.

이와는 별개로 미국 경제학계에서는 미국의 거대한 경상적자가 과연 지속가능한 것이냐에 대해 의견이 크게 갈리고 있다. 하버드대의 케네스 로고프 교수나 매사추세츠공대(MIT)의 올리비에 블랑샤 교수 등은 경상적자가 어느 정도 이상 쌓이면 환율 조정 등을 통해 그 불균형이 교정돼야 한다는 입장인 반면, 다른 일부 학자군은 이 같은 고전적 이론에 동의하지 않는다. 동아시아의 경상흑자가 자본수지를 통해 지속적으로 미국으로 유입되는 한, 미국의 경상적자에는 명확한 한계가 존재하지 않을 수 있다는 논리다. 경상흑자국과 경상적자국 사이에 교묘한 분업이 형성돼 있다는 것이다.

워싱턴 싱크탱크들이 각기 어떤 입장을 지지하고 있는지를 일률적으로 따지기는 어렵다. 연구자들의 개인적 특성이 더 큰 차이다. 하지만 미국기업연구소, 헤리티지재단, 브루킹스연구소 등 대부분 연구소의 공감대는 미국의 경상적자가 무한정 지속될 수 없다는 점, 미국의 저축률이 올라가야 문제 해결이 된다는 점 등으로 모아지고 있다.

그러나 피터슨국제경제연구소는 미국의 저축률 제고가 근본적 해법이라는 점을 인정하면서도 다만 단기적으로 환율조정이 불가피하다는 입장을 강력하게 주장하고 있다. 미국 내 제조업과 근로자들의 입장을 대변하는 측면이 강하다.

피터슨국제경제연구소는 환율조정만으론 문제가 해결되지 않을 것이란 점에 동의하면서도 환율조정이 없는 상태에서 미국이 소비를 크게 줄이고 저축을 늘릴 경우 세계 경제 전체가 위축될 수 있다고 주장한다. 중국의 위안화에 대해서도 변동환율제로의 이행은 중국 내부 사정상 현실적이지 않기 때문에 일시에 위안화를 25% 정도 절상하는 것이 실현가능한 대안이라는 입장을 고수하고 있다.

리스크 진원지 미국

　서브프라임 모기지 사태로 지칭되는 미국발 부동산위기가 글로벌 금융위기로 치달았다. 대공황보다 더 큰 폭풍우를 몰고 온 것은 아니라고 할 수 있으나 새로운 패턴의 위기양상으로 전개되어 온 만큼 앞으로 전망도 불투명하다.

　그러나 새삼 따지고 보면 미국발 위기의 원인은 과거 다른 위기의 원인과 그다지 다르지 않다. 무엇보다 그동안 쌓인 구조적 원인이 내재해 있다는 점에서 그렇다.

　미국 경제는 경기 하강의 국면에서 2001년 9·11 쇼크로 인한 위기에 봉착한 뒤 마치 전시경제처럼 적극적인 경기부양을 실시했다. 그렇게 해서 소비를 유지하고 경기를 지탱했으나 그로 인한 부작용도 만만찮았다. 쌍둥이 적자가 급격히 팽창한 것이다. 이 국면이 지속되면서 자산버블이 심화됐고 결국 서브프라임 사태를 맞게 됐다. 얼마 전부터 미국 경제는 다시 쌍둥이 적자가 축소되기 시작했다. 자기조정장치가 작동하기 시작한 것이다.

　관심은 부동산발 위기가 금융위기를 거쳐 경제위기로 갈 것이냐인데, 그러지는 않을 것이라는 게 현재 갖고 있는 개인적 생각이다.

서브프라임 사태의 구조적 원인을 한마디로 정리하라면 뭐라고 할 수 있을까. 서브프라임 사태 이전에 세계 경제의 문제점을 한마디로 응축한 용어가 있다. 바로 글로벌 임밸런스다. 아시아의 과저축과 미국의 과소비를 일컫는다. 한 쪽에는 경상흑자가 쌓여 가는 반면 다른 한 쪽엔 경상적자와 재정적자가 눈덩이로 늘어가는 것을 말한다.

2001년은 전시경제의 시작이었다. 재정적자와 경상적자로 본격적 경기부양이 개시된 시점이라고 봐도 무방하다. 2003년 이라크전 개시에 앞서 이미 전시경제는 시작된 셈이다.

당시 그린스펀의 백악관 방문 횟수를 보면 잘 나타나 있다. 클린턴 행정부 2기(1996~2000년)에 연간 평균 3회였으나 부시 대통령 집권 이후인 2001년부터는 연간 평균 44회로 급증했다. 당시 미국은 연방기금 금리를 1%까지 인하하는 대대적 경기부양의 시기였다.

미국의 경상적자는 곧 아시아의 거대한 경상흑자를 의미한다. 미국은 결국 쌓이는 재정적자를 자본수지 흑자로 메우는 식으로 버텼다. 아시아국이 낮은 이자율로 미국 국채를 사주고 미국은 아시아 등에 고수익 자산에 투자해 높은 수익을 창출하는 기형적 순환구조가 유지되고 있었던 것이다.

시각을 마이크로하게 바꿔 봐도 결과는 마찬가지다. 자산버블은 이미 일찌감치 시작됐고 마치 폰지게임(Ponzi Scheme)처럼 판을 쳐왔다. 미니멈 페이먼트만 내면 되는 옵션 변동 모기지가 불티나게 팔려 나간 결과, 처음엔 고정 이자율이 적용되니 문제가 없었지만 금리가 올라가면서 곧바로 문제가 발생했다. 자산가치의 90%까지 대출을 받았다가(50만 달러의 집) 자산가치가 오른 뒤(60만 달러) 다시 그만큼의 차액(10만 달러)마저 대출받는 사례가 흔하게 나타났다. 미국 금융기관들은 위험을 적절히 분산한 금융상품을 팔기 시작했고 자산 버블단계에선 이런 상품의 문제점이 폭로되지 않았다.

서브프라임 모기지(Subprime Mortgage)

신용등급이 낮은 저소득층을 대상으로 주택자금을 빌려주는 미국의 주택담보대출상품. 우리말로 '비우량 주택담보대출'이라 한다. 신용도가 낮기 때문에 우대금리보다는 높은 금리가 적용된다. 미국의 주택담보대출시장은 집을 사려는 일반 개인들의 신용등급에 따라 크게 3종류 대출로 나눈다. 신용등급이 높으면 프라임(Prime), 낮으면 서브프라임(Subprime), 그 중간은 알트에이(Alt-A: Alternative-A) 모기지다.

부동산 광풍의 비밀
– 토지보상비 100조 원

참여정부는 행정중심복합도시(이하 행복도시), 혁신도시, 기업도시 등을 위해 2012년까지 기반시설에 56조 원을 투자하도록 계획을 세워 놓았다. 지상건축에 약 45조 원, 합계 101조 원이다. 여기에 대운하 사업까지 얹어 놓으면 틀림없이 자재 파동이 일어난다.

노무현 전 대통령, 2007년 6월 2일 참여정부 평가포럼 월례강연회 중

노무현 전 대통령의 발언이 선거법 위반이냐, 모호한 선거법 자체가 위헌이냐를 놓고 공방이 벌어진 적도 있지만 노 전 대통령의 말솜씨는 역시 절묘한 데가 있었다. 최고권력자의 권위에, 거침없는 말투가 빚어 내는 뉘앙스도 호소력 있지만 사전에 치밀하게 설계된 텍스트는 뚜렷한 피아 구분 속에 자신의 정치적 목적의식을 분명하게 전달했다.

2006년 가을 부동산 광풍이 절정에 달했을 때의 일이다. 참여정

부 들어 급격히 늘기 시작한 신도시 토지보상비가 부동산 대란의 주범으로 막 거론되던 참이었다. 무분별한 주택담보대출이 아닌 토지보상비가 주범으로 몰릴 경우 행정 중심 복합도시, 혁신도시, 기업도시 등 참여정부가 추진해 온 지역균형발전 사업이 역으로 죄인으로 몰릴 판이었다.

노 전 대통령은 기선을 제압당하기보다 제압하는 스타일이다. 당시 노 전 대통령이 무슨 근거였는지는 몰라도 토지보상비 가운데 수도권 주택시장으로 다시 흘러든 돈은 실제 얼마 되지 않는다고 잘라 말한 것에서도 드러난다. 한마디로 주택담보대출 유죄, 토지보상비 무죄라는 것이다. 노 전 대통령의 탁월한 호소력 덕분이었는지 당시 토지보상비 원죄론보다는 주택대출 책임론이 압도적이었다.

정말 '대출 유죄', '보상비 무죄'일까. 주택담보대출 급증은 부동산 대란의 원인일까 아니면 결과일까. 당시로 돌아가보면 노무현 정부에서 거의 마지막이었던 경기 화성시 동탄2신도시에만 6조 원의 토지보상비가 풀렸다. 곰곰이 생각해볼 주제가 아닐 수 없다.

참여정부는 토지보상비에 관한 한 역대 정부 최고기록을 수립한 바 있다. 2003년 참여정부 들어 집행됐거나 집행이 결정된 토지보상비는 동탄신도시를 계기로 총 100조 원에 달한다. 2003년 10조 원이던 토지보상비는 2004년과 2005년 16조 2,000억 원과 17조

3,000억 원으로 껑충 뛰더니 2006년엔 무려 23조 6,000억 원으로 늘었다. 여기에 2007년 기존 예정액 22조 2,000억 원과 동탄신도시 몫까지 합하면 95조 3,000억 원에 달한다.

문제는 토지보상비가 풀리고 나면 시중 유동성이 급팽창하는 결과가 나타난다는 점이다. 정부의 토지개발 과정이 없었다면 현금화가 곤란했던 실물자산이 현금이나 금융기관 예금 등 유동성 높은 자산으로 전환된 데다 그 자산이 다시 신용창조 과정을 거치기 때문이다.

그런데 좀 복잡한 얘기지만 흥미로운 사실은 토지보상비라고 해서 유동성 효과가 다 똑같은 것은 아니라는 것이다. 토지보상비의 출처가 정부의 예금이나 현금이냐, 건설공기업(토지공사, 주택공사 등)의 예금이냐 혹은 채권 발행이냐에 따라 결과가 달라진다.

예컨대 정부가 세금으로 거둬 마련한 예금이나 현금이 보상비로 쓰였다면 이는 본원통화 공급만큼 통화량 증발 효과가 크다. 당초 통화량에 잡히지 않던 정부 보유 예금이 나갔기 때문이다. 만약 건설공기업이 보유예금에서 보상비를 지급했다면 유동성 증대 효과는 크지 않다. 예금주만 바뀐 꼴이기 때문이다. 하지만 채권 매각이나 차입을 통해 보상비를 조달했다면 은행을 통한 신용창조 과정을 거치기 때문에 유동성 증대 효과가 제법 클 수밖에 없다.

그렇다면 참여정부 토지보상비 100조 원이 창출해 낸 유동성 팽창은 모두 얼마나 될까. 정확한 추계는 불가능하다. 다만 한국은행이 2006년에 집행된 24조 원의 토지보상비를 조사해 본 자료를 들춰보면 통화량 증가를 유발한 채권발행 혹은 차입 조달분이 전체의 55%인 13조 원이었다. 절반 조금 넘는 규모가 통화량 증가로 이어졌다는 얘기다.

이를 근거로 추정해 보면 100조 원의 보상비 중 일차적인 통화량 증가분은 55조 원 가량. 여기에 신용창조 과정을 추가하면 최종적인 유동성 팽창규모를 추정할 수 있는데 본원통화에 대한 통화승수가 13 정도임을 감안할 경우 최종 팽창규모는 어림잡아 여기에 5~9 정도를 곱한 300~500조 원 가량이었을 것으로 추정됐다. 결국 시중에 초과 유동성이 두텁게 낀 데에는 노무현 정부가 전략적으로 추진했던 부(富)의 지방 재분배정책과 이를 위한 정부의 지방 이전 추진 과정에서 어마어마하게 풀려나간 토지보상비가 한몫했다고 봐야 할 것 같다.

통화승수(Money Multiplier)

한국은행의 화폐발행액과 한국은행에 대한 금융회사들의 지급준비금을 합한 것을 본원통화라고 한다. 광의통화(M2)는 민간 보유 현금, 은행 요구불예금, 은행 저축예금, 수시입출식예금(MMDA), 자산운용사 머니마켓펀드(MMF), 정기 예·적금 및 부금, 거주자외화예금, 시장형 금융상품, 실적배당형 금융상품, 금융채, 발행어음, 신탁형 증권저축 등을 합친 것으로 시중 통화 흐름을 보여주는 대표적인 지표다.
통화승수는 광의통화를 본원통화로 나눈 값으로 본원통화의 통화 창출 능력을 표시하는 지표다. 통화승수가 높을수록 자금 수요가 많거나 은행의 통화 창출 여력이 좋은 것으로 이해한다.

위기를 부르는
'같기도' 한국 경제

한국적 쏠림 현상의 이면에 정책 실패가 있었음이 드러난 뒤 정부는 경제정책의 목소리를 낮추는 전술적 퇴각을 선택했다. 재미있는 일은 그 결과로 '같기도' 경제가 시작됐다는 점이다. '같기도'는 쏠림 현상에 비해 민주적이다. 해석의 다양성이 허용되는 만큼 결과에 대한 책임도 집중되지 않는 장점이 있다.

"이건 춤도 아니고 무술도 아니여.", "이건 우는 것도 아니고 웃는 것도 아니여."

2007년 인기 개그 코너였던 '같기도'의 한 대목이다. 애매함이 소재이자 주제인 이 개그가 당시 왜 큰 인기를 모았는지 그 이유 또한 애매하지만 아무튼 초절정 인기가도를 달렸다.

그런데 이런 '같기도' 신드롬을 보면서 정치도 정치지만 당시 한국 경제 흐름이야말로 '같기도' 풍자에 딱 어울릴 소재가 아닐까 하는 생각이 든다.

"이건 경기가 살아나고 있는 것도 아니고 죽고 있는 것도 아니여.", "이건 집값이 내려가는 것도 아니고 다시 반등하는 것도 아니여."

사실 요즘 한국 경제는 해석하기가 쉽지 않다. 딱 부러진 문제점이 손에 잡히지 않기 때문에 더욱 그렇다. 부동산값이 들불처럼 일어났던 2006년에는 오히려 분석과 처방이 쉬운 편이었다. 그런데 2007년 들어서는 부동산도 그렇고 경기도 그렇고 모두 해석하기 애매할 뿐이었다.

이뿐인가. 한국 경제의 '같기도' 전형은 한미 자유무역협정(FTA)에서 비롯된 것인지도 모른다. 한미 FTA는 참여정부 코드에 맞지 않는 것 같기도 했고 나름대로 맞는 측면이 있는 것 같기도 했으니 말이다.

'같기도'와 함께 당시 한국 경제의 또 하나의 특징은 쏠림 현상이었다. '같기도'가 등장하기까지는 쏠림 현상이 단연 핵심화두였다. 부동산은 부동산대로, 금융권은 금융권대로 쏠림 현상을 보였다.

쏠림 현상(Herding Behavior)은 흔히 시장 실패 사례로 거론된다. 하지만 '한국적 쏠림 현상'은 대부분 정책 실패의 성격이 짙다. 돈 풀고 주택 공급 줄이고 나서 주택값이 안정되길 바랐던 건 애초부터 억지였고 넌센스였다.

그렇다면 쏠림 현상과 정반대 개념인 '같기도'가 등장한 건 왜일

 한국적 쏠림 현상의 이면에 정책 실패가 있었음이 드러난 뒤 정부는 경제정책의 목소리를 낮추는 전술적 퇴각을 선택했다.

재미있는 일은 그 결과로 '같기도' 경제가 시작됐다는 점이다. 소위 '코드'에 의한 정책 실패에 둔감해진 결과다. '같기도'는 쏠림 현상에 비해 민주적이다. 해석의 다양성이 허용되는 만큼 결과에 대한 책임도 집중되지 않는 장점이 있다.

매년 그렇지만 2007년에도 경기 흐름은 '상저하고', 즉 상반기에 저조하고 하반기에 상대적으로 호전되리라는 전망이었다. 어차피 애초부터 상반기 중 체감경기가 피부에 와 닿게 좋아질 가능성은 없었으니 그동안 적극적인 정책운용을 삼가고 '같기도' 경제 해석을 유도했던 게 정부로선 오히려 바람직했을지 모른다.

이런 관점에서 보면 그해 중반으로 접어들며 다소 변화된 듯한 정부의 경제관이 흥미로웠다. 당시 주가가 1600을 넘어선 게 정부의 경제정책 덕분이라는 청와대 브리핑과 이번 경기 회복이 "숨이 길고 저변이 넓은 회복 국면"이 될 것이라는 재경부 해석이 그것이다.

5, 6월을 지나 3분기를 거치면서 경기가 '제대로' 회복될 수 있다면 정말 다행이었을 것이다. 하지만 그해 치룰 대통령 선거를 앞두고 어차피 나타날 기술적 반등의 진폭을 크게 키워보려는 의도가 숨어 있었던 것은 아니었는지 모르겠다. 이럴 경우 정부발 쏠림 현상이 올 수도 있다. 그게 걱정거리다. '같기도'와 쏠림 현상이 공존하는 상황에선 쇼크에 대한 감지능력이 떨어지는 대신 쇼크가 올

경우 그 쇼크의 파괴력은 대단히 클 수 있다는 게 문제다. 늘 그랬듯이 대선을 치룬 뒤 경제도 걱정해야 했다. 2008년 결국 글로벌 위기를 계기로 우리 경제에도 위기가 닥친 것을 돌이켜보면 말이다.

글로벌 '쩐의 전쟁'이 온다

어느 날 집이 털린 마하티르 모하마드(말레이시아 지도자에서 따온 이름)가 경찰을 부르자 경찰 가면을 쓴 그린스펀이 나타나 "문이 열려 있으니 도둑을 맞은 게 아니냐"고 거꾸로 호통친다. 그런 뒤 그린스펀은 혼잣말로 "중국이나 인도는 담벼락이 높아 이번엔 안전했지만 2006년 말까지는 중국과 인도 담벼락에 구멍을 뚫어 놓으라고 헨리 폴슨(미국 재무장관)에게 얘기해놨지"라고 독백한다.

쑹훙빙(2008년),《화폐전쟁》

1.

몇 년 전 서울을 찾은 미국 샌프란시스코 연방준비제도이사회(FRB) 중견 간부와 이야기를 나눌 기회가 있었다. 당시는 침묵기간(Blackout Period, 금리결정회의에 임박해 연준 직원이 통화정책에 관한 이야기를 해선 안 되는 기간)이 아니었으므로 그 즈음 연준이 0.5%포인트나 연방기금 금리를 내린 데 대한 의견을 물어봤다. 만약

0.25%포인트만 내렸다면 지금 시장에는 한 쪽(추가 금리인하)으로 너무 치우친 기대심리가 꽉 차있을 것이라는 답이 돌아왔다.

그러면서 그는 연방공개시장위원회(FOMC)를 진행하는 FRB 의장으로서 앨런 그린스펀 전 의장과 벤 버냉키 현 의장과의 차이점을 덧붙였다. "그린스펀은 자신의 입장을 모호하나마 먼저 얘기한 뒤 나머지 연준 이사들의 발언이 이어지도록 하는 반면 버냉키는 자신이 가장 나중에 발언한다."

물론 미국 서부를 강타한 서브프라임 모기지 사태에 관해서도 물었다. 그랬더니 동문서답이 돌아왔다. 샌프란시스코 연준은 미국 국내총생산(GDP)에서 거의 25%를 차지하고 있다. 또 서브프라임 사태의 핵심지역을 관장하고 있는 데도 FOMC에선 투표권을 행사하지 못하고 있다. 5명의 본부 이사 외에 나머지 참석자는 지역 연준마다 돌아가면서 매년 배정하는데 샌프란시스코는 3년에 한 번 기회가 온단다. 미국 연준도 지배구조에 문제가 있는 셈이다.

하지만 그는 미국 연준의 판단은 대단히 완벽하다고 주장한다. 연준 본부의 멤버가 너무 막강하기 때문이란다. 버냉키와 함께 프레드릭 미시킨도 훌륭했지만 1962년생인 랜덜 크로즈너와 1970년생인 케빈 와쉬가 세계 경제를 주무른다는 미국 연준 이사로 발탁되었던 점에 주목할 필요가 있다고 말했다. 소위 파생상품 등 신금융의 세계 최고수들이라고 한다. 이미 파생상품 전문가를 중앙은행에 포진시켜 놓았던 것이다.

2.

얼마 전 중국에서 인기를 끌었다는 금융 우화 《화폐전쟁(Currency Wars)》. 미국 워싱턴 DC에 거주하는 중국인 컨설턴트가 썼다는데, 1997년 아시아 금융위기 같은 사건들이 서방 금융자본과 그의 하수인 미국 FRB에 의한 음모라고 주장하는 음모론 스토리다. 벌써 베스트셀러 반열에 올랐다는 걸 보면 서구 금융자본과 FRB의 위력에 대해 중국을 비롯한 동양인이 얼마나 큰 두려움을 느끼는지 짐작할 만하다.

예컨대 이런 식이다. 어느 날 집이 털린 마하티르(말레이시아 지도자에서 따온 이름)가 경찰을 부르자 경찰 가면을 쓴 그린스펀이 나타나 "문이 열려 있으니 도둑을 맞은 게 아니냐"고 거꾸로 호통친다. 그런 뒤 그린스펀은 혼잣말로 "중국이나 인도는 담벼락이 높아 이번에 안전했지만 2006년 말까지는 중국과 인도 담벼락에 구멍을 뚫어 놓으라고 헨리 폴슨(미국 재무장관)에게 얘기해놨지"라고 독백한다. 그러자 옆에서 이 말을 엿듣던 조지 소로스가 모두 중국으로 갈 준비를 하라고 동료들에게 문자메시지를 보낸다.

3.

수년 전 은행회관에서 열린 금융발전심의회 전체회의. 먼저 거대한 버블 붕괴의 사이클에 직면한 세계 경제에 관한 얘기가 오갔다. 미국의 쌍둥이 적자로 대변되는 소위 세계적 불균형(Global

Imbalance)이 원인이다. 아시아국은 열심히 벌어 싼 이자의 미국 국채를 사들였고 미국은 그 돈과 신흥 자본시장에서 올린 고수익으로 끝없이 소비했다. 경제엔 진짜 공짜가 없다. 그동안 흥청망청 했으니 이젠 누군가 피를 흘려야 할 차례다.

그래서 앞으로 수년 내에 금융산업이 세계적 기회를 맞을 수 있다는 의견도 나왔다. 2008년엔 베이징 올림픽이 열리고 미국 대통령선거가 있다. 이 사건들이 지나면서 세계 자산시장엔 돌풍이 불고 그야말로 세계판 '쩐의 전쟁'이 시작될지 모른다.

문제는 우리의 실력과 자세인데 한 참석자가 뼈있는 말을 했다. "정부는 몇 년을 준비하면 우리 금융산업도 경쟁력을 갖출 것이라고 하는데, 세계는 5년을 기다려주지 않을 것 같다"고. 이보다 며칠 전 재정경제부가 기약도 없는 산업은행 개편안을 발표했던 게 기억나자 마음이 심란해졌다.

파생상품(Derivatives)

예상치 못한 금리나 환율의 변동에 따른 위험을 회피하기 위해 고안된 상품으로 외환, 채권, 주식 등 기초자산의 가치 변동에 따라 가격이 결정되는 금융계약이다.

시장의 지배자
베이비 붐 세대

미국은 세대 구분을 세계대전 이전 세대, 전후 베이비 붐 세대, 1960년대 중반 이후 출생한 X세대, 1980년대 이후 출생한 Y세대 등으로 한다. 한국보다 15~20년 정도 앞서 진행되고 있는 세대의 계승이다.

18대 대통령 선거에서 나타난 가장 큰 특징 가운데 하나는 50대 이상 장년층의 결속이었다. 연령적으로 보수화된 50대 이상이 목소리를 낸 것이다.

그런데 50대 이상 장년층의 가장 아랫부분을 형성하는 50대 초·중반 혹은 중·후반은 우리 사회에서 베이비 부머에 해당한다. 그만큼 수적으로 우월하다. 18대 대선에서 나타난 특성은 그래서 우리 베이비 부머들의 움직임에서 그 주도적 모멘텀을 찾을 수 있었다고 해도 과언이 아니다.

이런 현상은 어느 나라나 동일하다. 베이비 부머가 시장의 지배자로 등장하는 것이다. 미국은 10년 전 이미 베이비 부머가 시장을 주도하고 있었다. 우리는 미국보다 고령화 진행이 10~15년 정도 후행하고 있다. 따라서 미국의 10년 전 베이비 부머들의 행태를 보면 오늘 이후 한국 사회의 이모저모도 엿볼 수 있다.

10년 전인 2000년대 초반 미국은 이미 50세 이상의 베이비 붐 은퇴 세대들이 경제를 좌우하기 시작했다. 전후에 태어난 미국의 베이비 붐 세대들이 60세를 넘기는 시점이 다가왔기 때문이다. 미국은 세대 구분을 세계대전 이전 세대, 전후 베이비 붐 세대, 1960년대 중반 이후 출생한 X세대, 1980년대 이후 출생한 Y세대 등으로 한다. 한국보다 15년 정도 앞서 진행되고 있는 세대의 계승이다.

말 그대로 베이비 붐 세대는 그 시기의 출산 인구가 많았다는 것을 의미한다. 따라서 그 세대는 성장기, 경제활동기간, 은퇴 이후 등 시기를 구분할 것 없이 항상 거대한 영향력 집단으로 간주된다.

바로 그 베이비 붐 세대가 미국에서 10년 전 본격적으로 은퇴를 시작했다. 2004년 조지 부시 대통령이 재선과 함께 내건 사회복지 시스템 개혁이나 의료보험 개혁 등이 모두 이 세대의 은퇴 시점과 연관이 있다.

신문, 방송 할 것 없이 미국 언론을 들여다보면, 그래서 베이비 붐 세대의 은퇴에 따른 영향을 다룬 기사들이 많다. 당시 〈비즈니스위크〉는 커버스토리로 이 세대의 은퇴가 기업에 미칠 영향을 다루기도 했다. 특히 신문들은 이들을 대상으로 한 기사와 광고를 집중적으로 소개한다. 그들이 최근 신세대와는 달리 신문구독 계층이기 때문이다.

미국의 베이비 붐 세대는 총 4,580만 가구, 7,700만 명으로 미국 전체 인구의 27.5%에 해당한다. 5,000만 명 정도인 X세대보다 훨씬 층이 두텁다. 더욱 중요한 것은 이들이 상당히 두둑한 지갑을 갖고 있다는 점이다. Y세대 역시 7,400만 명으로 상당히 두터운 층을 형성하고 있지만 그들의 지갑은 아직 여유롭지 못하다. 메트라이프의 조사에 의하면 베이비 붐 세대의 구매력은 연간 2조 1,000억 달러에 달한다. 가구당 지출규모가 4만 5,700달러로 미국 평균을 당연히 웃돈다.

사실 적잖은 재력을 갖췄다고는 하지만 은퇴 세대가 기업 마케팅의 핵심 분석 대상으로 떠오른 것은 지금껏 베이비 붐 세대가 처음이다. 그 이전의 은퇴 세대는 기껏해야 젊게 보이려는 정도의 취향이 고작이었기 때문에 40~50대를 대상으로 하는 제품군으로도 그들의 기호를 맞출 수 있었다. 그러나 베이비 붐 은퇴 세대는 중년 이후 제2의 인생을 시작한다는 의식이 대단히 강하고 평생직장을 은퇴한 후에도 별도의 일자리를 찾는 경향이 있다. 그래서 이전의 은퇴 세대보다 지갑도 더 두둑하다.

이쯤 되고 보니 기업들이 마케팅의 주요 공략 대상으로 삼을 만하다. 그래서 요즘 미국에선 과거 은퇴 세대와 달리 베이비 붐 은퇴 세대가 가진 소비자적 특성을 분석하고, 그에 맞는 제품을 개발해 시장에 선보이는 데 기업들이 심혈을 기울이고 있다.

한때 사라졌던 1인용 전력구동 이동장치인 스쿠터를 장년계층에 맞게 시판해 선풍적 인기를 끌고 있는 피아지오의 파올로 티모니 최고경영자는 "베이비 붐 세대는 자기만의 시간을 가지려는 경향이 강하기 때문에 더욱 매력적인 집단"이라고 지적한다. 부머프로젝트라는 컨설팅기업을 운영하고 있는 매트 손힐은 "당신이 기업을 확장하려면 이 집단에게 물건을 팔아야만 한다"고 아예 단정 짓고 있다.

40대 중반부터 60세에 이르기까지 광범하게 포진하고 있는 베이비 붐 세대는 이전 세대와는 다른 분명한 특징을 갖고 있다고 각종 분석기관들은 지적하고 있다. 과거엔 50세만 넘겨도 기존에 좋아하던 브랜드를 그대로 고집하던 성향을 보였지만 베이비 붐 세대는 젊은층과 마찬가지로 새로운 브랜드와 상품에 대단히 개방적이다. 과거엔 일본 토요타를 선호하던 계층은 나이 들어서도 그대로 토요타 자동차를 고를 것으로 생각했지만 이제는 다르다는 것이다.

무조건 젊게 보이려던 성향도 바뀌고 있다. 베이비 붐 세대는 히끗히끗한 머리에 주름진 얼굴도 마다하지 않는다. 그래서 자기 자녀들의 물건을 사는 곳에서 자기 물건을 고르기보다는 자기만을 위해 만들어진 상품이 진열된 곳을 찾는 성향이 있다.

이들은 또 오래 살기도 중요하지만 잘 살아야 한다는 점을 더 중시한다. 그래서 과거 은퇴 세대가 건강보조약품 등을 선호했다면 붐 세대는 건강식품과 보조식품, 건강관리 서비스 등을 선호한다. 이들은 건강에 대한 식견도 상당한 수준을 보인다. 그래서 과거처럼 적당한 광고로는 이들을 사로잡을 수 없고 건강에 확실히 이롭다는 점을 전문가적인 수준으로 설명해야 한다.

베이비 붐 세대의 성향을 고려한 그들만의 상품코너를 별도로 마련하는 백화점이나 매장이 늘고 있다. 베이비 붐 세대가 시장을 좌우하는 미국의 이러한 흐름은 앞으로 10년 이상 지속되고 심화될 것이라는 게 전문가들의 관측이다.

세계는 지금
청년실업 중

지금 우리 앞에 다가온 고용위기는 3A로 요약된다. 아시아
(Asia), 자동화(Automation), 풍요(Abundance)가 그것이다.

다니엘 핑크(2004년), 워싱턴 케이토연구소 심포지엄 중

워싱턴에 소재한 케이토(CATO)연구소가 유명 경제저널인 〈이
코노미스트〉와 함께 개최한 대형 심포지엄을 둘러볼 기회가 있
었다. 2004년 봄이었다. 주제는 소위 미국의 일자리와 아웃소싱
(Outsourcing)에 관한 것이었다.

당시 논란이 충분히 진행된 주제였지만 워싱턴의 많은 싱크탱크
가운데 가장 우파 쪽이라는 케이토연구소가 다시금 집중 논의의 대
상으로 삼은 데는 그만한 이유가 있었다.

케이토연구소의 '케이토'란 이름은 고대 로마시대의 유명한 정치

인이자 웅변가로서 율리우스 시저 황제에 반대해 끝까지 공화정을 사수하려 했던 마커스 포셔스 케이토라는 인물에서 따온 것이다. 사실 그의 이름은 케이토가 아니었다. 그러나 그의 뛰어난 지적 관점을 추앙한다는 취지에서 라틴어로 최고의 지성이라는 뜻을 지닌 '케이토'란 이름이 붙게 됐다.

그렇다고 이 연구소가 고대 로마시대의 지성을 기리기 위해 이런 이름을 딴 것이라고 생각하면 오해다. 1720년대 미국의 초기 식민시대에 존 트렌차드와 토마스 고든이라는 두 명의 지식인이 '케이토 편지'라는 이름의 칼럼을 신문에 게재한 것이 실질적 유래다. 모두 144편에 달하는 그들의 글이 담고 있는 핵심 논지는 근대 시민권리에 입각한 자유였는데, 이것이 이후 미국 시민혁명의 이념적 기초가 된다.

그래서 케이토연구소는 부르킹스연구소, 헤리티지재단 등 워싱턴의 다양한 싱크탱크 가운데 자유와 시장경제, 그리고 작은 정부를 자본주의 최고의 가치로 내세우고 있는 가장 보수적인 연구소다. 이 연구소의 대형 회의실이 대표적 자유주의 경제학자인 프리드리히 폰 하이에크의 이름을 들어 하이에크 룸으로 명명된 것도 같은 이유다. 매년 세계 각국의 시장경제 자유도를 조사해 발표하는 곳도 바로 이 연구소다.

연속 기획 심포지엄의 첫날 행사인 '국제무역과 미국 노동자의 미래'라는 세션에 참석한 인사들의 면면만 봐도 그렇다. 하버드대 교수로서 당시 백악관 경제자문위원장을 맡고 있는 그레고리 맨큐 교수, 공화당의 핵심 경제통이자 오바마 2기 행정부에서 국방장관에 지명된 처크 해이글 당시 상원의원(네브라스카주), 미국 연방중비제도위원회의 로저 퍼거슨 부의장 등 거물급 우파 인사들이 대거 참석했다.

미국 대선 경쟁이 불붙기 시작한 그해 연초에 아웃소싱과 관련한 발언으로 파문을 일으킨 맨큐 교수는 이날도 "일자리 아웃소싱은 결국 거역할 수 없는 대세"라면서 "노동자들이 이에 대해 적응해야 한다"는 입장을 굽히지 않았다.

해이글 의원은 "조지 부시 대통령이 재선되든 존 케리 상원의원이 차기 대통령이 되든 반드시 지켜져야 하는 원칙은 자유로운 세계 무역이 후생을 증대시킨다는 것"이라고 전제하고 "인도에 설치한 미국 기업들의 콜센터에 가보면 컴퓨터는 IBM, 소프트웨어는 마이크로소프트고 에어컨은 캐리어라는 점을 알아야 한다"고 강조했다.

거물급 인사들의 이 같은 발언이야 새로울 게 없어 보인다. 그래서 케이토연구소가 이번 심포지엄을 개최한 근본 취지가 궁금했다. 연구소 측의 설명에 의하면 그간 수도 없이 이루어진 아웃소싱 논쟁의 결론은 노동자들의 재교육과 생산성 향상이 궁극적 해결책이라는 것임에도 불구하고 아직도 이를 부정하는 부류가 없지 않기 때문이라고 했다. 특히 11월 2일의 대통령 선거에서 만약 민주당 후보가 당선될 경우 자칫 잘못된 길로 나아갈 것을 우려하고 있었다. 원칙을 확실하게 다지고 선을 분명하게 그어 놓겠다는 취지였다.

배경이야 그렇다 치고 이날 하루 종일 진행된 심포지엄에서 한시도 빠짐없이 등장한 화두가 하나 있었다. "18세 청소년에게 무슨 일을 해보라고 권할 것이냐"가 그것이다.

고등학교를 졸업하는 학생들에게 과연 어떤 분야를 유망하다고 말할 것이냐는 건데, 지금 그 답이 선명하지 않아 고민스럽다는 데 참석자들의 의견이 모아졌다. 중국과 인도 등 인구 대국들의 경제 성장이 빨라지면서 다른 선진국들의 일자리를 빼앗는 상황이 되고 보니 대부분 국가들이 모두 청년 실업을 경험하고 있다는 것이다.

정확한 답은 얻지 못했지만 참석자들은 그래도 교육을 통해 이를 극복해야 한다는 데에는 하나같이 동의를 표시했다.

〈월스트리트 저널〉의 유명한 논객인 데이비드 웨슬은 "지금도 그렇지만 앞으로도 학력 간 임금격차는 더 벌어질 수밖에 없다"며 교육의 중요성을 강조했다. 그러나 그는 "문제는 교육혁신이 짧은 기간 내에 이루어지기 쉽지 않은 대신 우리의 삶은 짧다는 점"이라고 말했다.

《프리 에이전트 네이션》의 저자로 유명한 다니엘 핑크는 "지금 우리 앞에 다가온 고용위기는 3A로 요약된다"며 아시아(Asia), 자동화(Automation), 풍요(Abundance)를 꼽았다. 그는 이어 산업사회가 인간의 육체적 두뇌와 육체를 모두 필요로 했다면 정보사회는 인간 뇌의 왼 쪽 부분인 좌 뇌를 집중적으로 사용하는 일자리를 크게 늘렸다면서 앞으로의 후기정보사회는 인간 뇌의 오른 쪽 부분인 우 뇌가 승부를 가를 것이라고 지적했다. 이런 기준에서 보면 디자이너, 카운셀러, 이노베이터 등이 유망 직업이라고 전망했다.

아웃소싱(Outsourcing)

기업이 핵심역량에 내부자원을 집중하고 경비절감 혹은 경영효율화 방안에 따른 명확한 전략적 목표를 가지고 기존의 내부조직, 시스템, 새로운 사업일부 등의 자원 관리 중 전부 또는 일부를 외부의 전문기관 및 기업에 위탁 관리하게 하는 것을 말한다.
아웃소싱과 반대로 내부에서 동원하는 것을 인소싱이라고 하며, 인소싱과 아웃소싱의 결합 형태인 코소싱이 가장 이상적인 모형이라고 할 수 있다.

미국, 비만과의
끝나지 않는 전쟁

비만의 원인과 정책적 처방을 경제학적으로 연구하는 뚱보(비만) 경제학 (Obesity Economics)이 갈수록 각광 받고 있다. 또 정책 차원에서 거론되고 있는 것 중의 하나는 비만세(Fat Tax)다. 패스트푸드 등 칼로리가 높은 식품에 대해선 세금을 매겨 소비를 줄여보자는 취지다.

미국은 지금 비만과의 전쟁 중이다. 패스트푸드 범람으로 인해 한국에서도 어린이, 성인 할 것 없이 비만이 심각한 문제로 등장하고 있지만 미국에 비하면 아직은 문제도 아닌 수준이다.

미국은 성인의 31%가 정상인보다 30파운드(약 14kg) 이상 체중이 많이 나가는 비만인 등급으로 분류되고 있다. 이 비중이 각각 15%와 23%였던 1970년대와 1980년대와 비교하면 전 국민의 비만화가 급속히 진행되고 있음을 알 수 있다.

비만의 확산은 당장 건강보험에 영향을 미치고 있다. 지난 15년 사이 미국에서는 비만으로 인해 발생한 질병 때문에 지출된 의료보험 지출액이 무려 10배나 많아졌다.

이렇게 되고 보니 정부는 정부대로, 기업은 기업대로 비상이 걸려 있다. 보험 지출액 증가는 보험료 인상으로 이어지고, 이는 다시 근로자의 건강보험료를 실제 부담하고 있는 기업들의 부담 증가로 연결된다. 노인층이나 극빈층의 건강보험을 책임지고 있는 정부 재정도 비만에 따른 진료비 증가로 인한 적자의 골이 더욱 깊어지고 있다. 그야말로 비만이 '공공의 적'인 셈이다.

비만이 사회문제로 등장하고 비만 망국론까지 나오는 지경에 이르자 이에 대한 대책이 정부와 기업에서 모두 심도 있게 거론되고 있다. 또 비만의 원인과 정책적 처방을 경제학적으로 연구하는 뚱보(비만) 경제학(Obesity Economics)이 갈수록 각광을 받고 있다.

정책 차원에서 거론되고 있는 것 중의 하나는 비만세(Fat Tax)다. 패스트푸드 등 칼로리가 높은 식품에 대해선 세금을 매겨 소비를 줄여보자는 취지다.

그동안 비만의 사회적 원인으로는 비만식품 광고 범람, 패스트푸드 식당 급증, 스낵이나 소다 등의 자동판매기 증가 등이 주로 지적됐다. 그러나 요즘 뚱보 경제학은 여기에 몇 가지 원인을 더 추가한다.

건강 경제학자로 잘 알려진 플로리다주립대의 조나단 클릭 교수는 "식료품값의 하락, 근로 패턴 변화(앉아서 일하는 시간 확대), 여성의 노동참가율 증가, 금연 확대, 레저(운동)의 고비용화 등도 중

건강의 적신호를 일으키는 패스트
푸드는 여전히 호황을 이룬다.

요하다"고 말한다.

클릭 교수는 그래서 대책의 일환으로 비만세 신설을 강력하게 주장하고 있다. 그는 "건강식품에 보조금을 주는 방법도 있으나 효과 면에서 비건강식품에 세금을 매기는 것이 낫다"고 밝혔다.

재미있는 것은 이 같은 비만세 아이디어에 대해 식품업계나 패스트푸드 체인업소 등이 부분적으로 찬성의사를 표시하고 있다는 점이다. 자칫 담배회사처럼 거액의 집단소송에 휘말리느니 비만세를 도입하는 것이 면책 방법이 될 수 있다는 판단에서다.

그러나 비만세의 구체적 과세법에 대해선 아직 논의가 진행되지 않고 있다. 도입 여부도 아직은 불투명하다. 다만 비만세를 도입할 경우 일정 칼로리 이상의 식품 판매에 대해 세금을 부과한다는 기본 원칙 정도만 거론되고 있다.

비만세에 앞서 미국에서 비만 억제를 위해 등장한 정부규제는 1992년 도입된 라벨링(Labeling)이다. 20개 이상 체인점을 가진 업체는 메뉴에 음식 내용물을 구체적이고 소상하게 소개해야 한다.

비만세 논의와 함께 미국에서는 기업들 사이에 종업원의 비만 줄이기 노력도 한창이다.

"하루 동안 먹고 마신 음식물과 운동시간을 회사에 연결된 컴퓨터에 입력만 하면 2주에 15달러씩 지급."

퍼시피케어라는 미국 기업은 회사 근로자들에게 이 같은 이색 현금포상 프로그램을 내걸었다. 식사, 간식, 음료수 등 그날 섭취한 모든 음식물의 종류와 양, 그리고 조깅, 자전거 페달 밟기 등 어느 것이든 관계없이 그날 실천한 운동 종류와 시간을 회사에 입력하기만 하면 된다. 혹시 거짓으로 보고했어도 상관은 없다. 매일같이 입력만 하면 2주에 15달러, 1년에 390달러를 현금으로 준다는 것이다.

이처럼 미국에선 근로자들을 대상으로 건강 증진 프로그램을 도입하는 기업들이 날로 늘어나고 있으며 그 방법도 다양해지고 있다.

예컨대 금연학교에 등록하거나 당뇨, 천식 치료 프로그램에 참여하는 근로자에게 현금과 함께 별도의 보상을 제공하기도 한다. 음악이나 미술을 배우고 자동차를 세차하거나 혹은 개인적으로 건전한 신용 상태만 유지해도 일정 크레딧을 준 뒤 그 점수가 어느 수준에 달하면 그들이 좋아하는 인기 상품을 포상으로 주는 기업도 있다. 금연자에 대한 포상이 조금씩 나타나기 시작한 국내 모습과는 사뭇 다른 분위기다.

기업들이 근로자들의 건강 증진에 이처럼 적극 나서고 있는 이유는 간단하다. 기업이 부담하고 있는 근로자의 건강보험료 부담이 급격히 늘어나고 있기 때문이다.

20만 달러짜리 귀빈실

1990년대 들어 적자에 헤매던 구단들이 취한 스포츠 마케팅의 산물이기도 하지만 소위 '공공재(Public Good) 실패'에 대해 프라이빗 비즈니스와 사적 자본이 이를 보완하는 한 단면이기도 한다. 아마도 한국의 대기업들이 이런 전용실을 갖고 있다면 빗발치는 여론을 감당하기 힘들 것이다. 모든 이를 위한 공공적 성격의 경기장이 누적된 적자로 문을 닫는 한이 있더라도 말이다.

미국 미식축구장이나 야구장에는 개인전용 귀빈실(Suite)이 따로 마련돼 있다. 관중석 가운데 로얄석이라고 불리는 것과는 다르다. 상대적으로 가격이 비싼 로얄석이라고 해봐야 경기장에 설치된 관중석의 일부일 뿐이고, 그래서 자기 좌석 옆에는 남모르는 사람들이 앉기 마련이다.

하지만 개인전용 귀빈실은 다르다. 이따금 영화에서 보면 거부 역할을 맡은 등장인물이 가족들이나 지인들과 함께 자기들만의 전망

좋은 공간에서 미식축구나 야구 경기를 관람하며 스토리를 전개하는 모습을 볼 수 있다. 마치 고급 식당처럼 종업원이 정성껏 각종 음식과 음료수를 제공하는 것은 물론이고 전용 화장실도 따로 있다.

그러면 실제 이런 개인전용실을 갖고 있는 사람은 누구고 그 가격은 얼마나 할까.

워싱턴 레드스킨스와 애틀랜타 팔콘스와의 미식축구 경기를 워싱턴 인근 페덱스(FedEx) 구장의 바로 이 '개인전용실'에서 관람할 기회가 있었다.

페덱스 경기장은 레드스킨스의 전용구장이지만 운송전문업체인 페덱스에 이름을 빌려주는 대신 그 대가로 일정 기간 이름값(Naming Right)을 받는 계약을 구단주와 페덱스가 맺음으로써 그런 이름이 붙어있다. 박찬호 선수가 소속돼 있던 미국 프로야구 텍사스 레인저스의 홈구장 이름이 최근 부동산금융 전문업체인 아메리카케스트모기지에 팔려 앞으로 30년간 '아메리카케스트필드'로 불리게 된 것과 마찬가지다. 그 대가로 텍사스 레인저스 구단은 7,500만 달러를 받았다. 아무튼 이런 스포츠 마케팅 덕분에 워싱턴의 레드스킨스는 구단가치가 10억 달러가 넘는 최초의 미국 프로풋볼리그(NFL) 구단이 됐다. 포브스가 최근 발표한 미국 NFL 구단 평가에서 레드스킨스는 11억 400만 달러로 가장 비싼 구단으로서의 영예를 유지했다.

워싱턴은 세계 정치와 외교의 중심지인 탓에 스포츠에 관해선 조금 무미건조한 편이다. 그런 탓인지 워싱턴 사람들이 전용구장까지 갖고 있는 레드스킨스 구단에 대해 품고 있는 애착은 대단하다.

워싱턴 시내 한복판에서 로컬 도로를 타고 40분 정도 메릴랜드 쪽으로 올라가다 보면 도로 한 켠에 자리 잡은 페덱스 경기장은 경기장 초입 도로 양편으로 중산층 주택단지가 즐비하다. 이곳에서 경기가 벌어지는 날이면 경기장으로 통하는 길이 완전히 꽉 막혀 이곳에 거주하는 사람들은 꼼짝없이 집에 갇히는 신세나 다름없이 되기도 한다. 그러나 레드스킨스에 대한 애정이 워낙 강한 탓인지 별 불만을 토로하지 않는다고 한다.

꽉 막힌 도로가 미안할 따름이었지만 '귀빈실' 손님들이 가진 주차티켓은 한쪽 편 길로 비교적 한적하게 프리 패스를 하는 대접을 받았다. 주차 후 경기장에 입장할 때도 아예 입구가 달랐다. 경기장에 들어간 뒤 '귀빈실'이 있는 4층까지 가는 것도 전용 엘리베이터를 이용토록 하고 있었다.

귀빈실이 있는 층에 도달하자 방 앞에 각기 문패가 붙은 귀빈실이 나타났다. 귀빈실의 정확한 숫자는 알 수 없었지만 적어도 50개는 넘고 100개 가까이 되는 것 같았다. 문패에 적힌 귀빈실 주인들은 다름 아닌 이 지역 굴지의 기업들이었다. 간간이 개인 거부의 이름도 눈에 띄었다.

10여 평 됨직한 방 안에는 고급 와인을 비롯해 각종 음료수와 스낵과 식사류가 준비돼 있다. 편하게 앉아서 경기를 관람할 수 있는 안락의자 10여 개, 소파, 탁자 등도 비치돼 있었다. 큼직한 화장실과 세면실도 있었다.

다음으로 궁금한 것은 가격. 1년 단위로 임대를 하는데 연간 임대료는 20만 달러라고 설명했다. 규모와 시야에 따라 약간 차이가 있다고 하는데 가장 비싼 것은 50만 달러를 호가하는 것도 있다고 한다. 물론 이 가격에는 식사, 음료수 등 부대비용은 제외다.

1년 내내 최고급 대우를 받으면서 이 정도 비용이면 그리 비싸지 않은 것이라고 생각할 사람도 있을 수 있다. 그런데 이 귀빈실을 이용할 수 있는 기회라는 게 사실은 1년 통틀어 고작 10번 정도다. 정규시즌 동안 홈경기를 치루는 것과 비정규 시즌의 프리시즌 게임의 횟수를 합해봐야 그 정도기 때문이다. 이렇게 보면 최대 20명 정도가 1회 이 곳을 이용하는 가격은 방값만 최소 2만 달러가 넘는다는 계산이 나온다.

기업의 최고경영자들이 쓸 때도 있지만 기업들이 이 '귀빈실'을 사용하는 용도는 주로 우수 고객에 대한 서비스를 비롯한 비즈니스용이라고 한다. 1990년대 들어 적자에 헤매던 구단들이 취한 스포츠 마케팅의 산물이기도 하지만 소위 '공공재(Public Good)의 실패'에 대해 프라이빗 비즈니스와 사적 자본이 이를 보완하는 한 단면이기도 한다. 아마도 한국의 대기업들이 이런 전용실을 갖고 있다면 빗발치는 여론을 감당하기 힘들 것이다. 모든 이를 위한 공공적 성격의 경기장이 누적된 적자로 문을 닫는 한이 있더라도 말이다.

Part 4

위기의 시대

세계사의 중요한 사실이나 인물은 두 번 반복해 나타난다.
한 번은 비극(Tragedy)으로, 또 한 번은 희극(Farce)으로.

칼 마르크스(1852년), 《루이 보나파르트의 브뤼메르 18일》

대한민국,
액션플랜을 짜라

이번 빅뱅은 단순히 외환위기나 금융위기가 아니었다. 세계 경제 전체에 오랜 기간 쌓이고 쌓여 온 구조적 모순이 한순간에 터지는 전대미문의 경제위기다. 우리가 단단히 마음먹어야 하는 이유다.
물론 우리의 대응 여하에 따라 위기는 기회로 전환될 수 있다. 이번 전쟁은 국가 간 경쟁력 경연장이다. 여기에서 승리하면 일시에 국가 서열이 바뀌고 새로운 세계 경제 질서에서의 위상도 급상승할 것이다.

2008년은 결국 세계 역사에 굵은 이름을 새겼다. 지난 수십 년간 간헐적으로 발생한 경제·금융위기는 물론이고 80여 년 전의 미증유 사건이었던 1929년 대공황보다도 더 큰 사건으로 역사에 기록될 운명을 타고났다.

대공황이 일차적으로 미국을 영향권으로 했다면 2008년 세계 경제 빅뱅은 시작부터 전 세계를 일차적이고 직접적 영향권에 몰아넣었다.

이뿐인가. 인류와 함께 탄생한 화폐의 의미가 새삼 혼란스러울 지경이다. 200년이 넘는 자본주의와 금융회사 역사도 아예 다시 써야 할 판이다. 처음엔 미국 서브프라임 모기지(비우량 주택담보대출)발 금융위기로 진행되더니 그 이후론 글로벌 경제대전 양상으로 치달았다.

위기 발발 직후부터 쓰러지는 나라가 등장했다. 초장에 이미 아이슬란드, 파키스탄, 아르헨티나, 헝가리, 우즈베키스탄 등 적잖은 나라들이 국가적 도산 대열에 이름을 올렸다. 그야말로 죽느냐 사느냐 숨 막히는 국가 간 서바이벌 게임이자 빅뱅이 벌어졌다.

이번 빅뱅은 단순히 외환위기나 금융위기가 아니었다. 세계 경제 전체에 오랜기간 쌓이고 쌓여 온 구조적 모순이 한순간에 터지는 전대미문의 경제위기였다. 우리가 단단히 마음먹어야 하는 이유다. 물론 우리의 대응 여하에 따라 위기가 기회로 전환될 수 있다.

이번 전쟁은 국가 간 경쟁력 경연장이다. 여기에서 승리하면 일시에 국가 서열이 바뀌고 새로운 세계 경제 질서에서의 위상도 급상승할 것이다. 여기에는 그다지 긴 시간이 걸리지 않을지 모른다. 앞으로 몇 년이 향후 수십 년을 좌우할 가능성이 높다.

우선 외환위기 경험을 되살리는 게 중요하다. 위기를 기회로 되살릴 우리만의 지혜의 보고가 거기에 있다. 여기에는 두 가지 원칙이 필요하다. 전대미문의 위기인 만큼 국가지도부가 최고 인재와 실력을 토대로 창의적 대응에 나서야 하는 것이 하나다. 정부, 기업,

1997년 외환위기는 위기 극복의 매개로 전 국민을 하나로 묶는 효과가 있었다. 사진은 당시 범국민적으로 전개됐던 금모으기 캠페인 모습이다.

근로자, 가계 등 모든 경제 주체들이 같은 목표를 위해 하나로 통합되도록 하는 것이 다른 하나다.

미국 등 서방의 상황에 한 발짝씩 늦게 대응해서는 더 이상 미래가 없다. 최소한 지금보다 반 발자국 빨라져야 한다. 그러기 위해선 무엇보다 우리의 '액션플랜'을 설정하고, 모두가 이에 동참하는 것이 급선무다. 먼저 대통령이 새로운 리더십으로 무장해야 한다.

지금은 전시 상황이나 다름없다. 워룸(War Room)을 만들고 수시로 비상대책회의를 열어야 한다. 경제팀 교체와 관계없이 비상 태스크포스를 구성해 일사불란한 지휘체계를 갖추는 일도 시급하다. 국제공조도 절실하다. 특히 미국은 물론 한·중·일을 비롯한 아시아 국가 간 공조가 이번 전쟁에선 대단히 중요한 대목이다.

비상시에는 비상조치가 오히려 정상인 법, 시장의 요구를 따라가는 수준의 정책 대응으로는 시장의 신뢰를 확보할 수 없다. 시장의 예상을 깨는 충분하고 과감한 정책을 구사할 필요가 있다.

기업과 가계도 장기전에 대비해야 한다. 기업들은 차분하게 미래 전략사업에 매진해야 하고, 가계와 개인도 과도한 공포에 휩싸여 시장의 낙오자가 되어서는 안 된다. 기업이나 개인 모두 장롱 속 달러를 긁어모아 시장에 맡기는 것 같은 사회통합적 합리성이 절실하다.

이를 위해서도 모든 경제주체들은 지금 벌어지고 있는 사태의 본질을 꿰뚫어볼 필요가 있다. 미국 등 서방국의 끝없는 탐욕과 소비는 중국, 일본, 한국 등 아시아의 경상수지 흑자로 대체됐다. 이로 인해 눈덩이처럼 불어난 글로벌 불균형(Global Imbalance)을 억지로 유지하기 위해 소위 투자은행과 헤지펀드의 파생상품을 통해 수십조 달러의 아시아 중동 자금을 빨아들인 게 바로 미국식 금융자본주의다.

워룸(War Room)

전쟁 시 군통수권자와 핵심 참모들이 모여 상황을 한눈에 파악하고 작전을 협의하는 곳이 본래 의미다. 그러나 현재는 다양한 의미로 발전돼 기업경영의 전략회의실 또는 위기상황실을 뜻하는 의미로 사용된다. 또 대통령 선거 등 선거에서는 후보 진영의 선거상황실이라는 의미로도 쓰인다.

글로벌 경제대전서
승리하려면?

외환위기 당시를 돌아보면 기업과 금융권이 모두 망가진 상태에서 그래도 재정과 가계 부문이 힘든 경제 상황을 버텨줬다. 이에 비하면 지금 상황은 어떤가. 중산층 붕괴로 오히려 가계가 가장 취약한 부문으로 전락한 상태다. 기업 재무 사정이 나아진 것은 사실이지만 그것도 일부 넉넉한 대기업뿐 대다수 중소기업에게는 여전히 고달픈 현실이다. 그나마 아직 재정 아직 동원 가능한 수단으로 남아 있는 게 다행이라면 다행이다.

아무래도 글로벌 경제대전 양상으로 발전하고 있다는 생각이 든다. 미국발 금융위기라지만 지금은 전 세계가 그 영향권에 있다. 미국이 망하기 전에 다른 나라들이 모두 절단 날 판이다.

세계는 지금 국가 간 서바이벌 게임을 벌이고 있는 형국이다. 이미 글로벌 위기의 직격탄을 맞고 휘청거리며 쓰러지는 나라들이 하나둘 나타나기 시작했다. 이제 시작일 뿐이다. 앞으로 수많은 나라들이 이 '쓰나미'를 이기지 못하고 휩쓸려 나갈 게 분명하다.

우리도 이 싸움에서 예외는 아닐 것 같다. 오히려 다른 나라들보다 더 적나라하게 노출된 상태다. 세계에서 가장 큰 폭의 환율 변동을 기록 중이다. 주가도 연일 춤을 추고 있다. 소국 개방경제의 숙명이라고는 하지만 연일 가슴이 조마조마할 따름이다.

그렇다고 우리에게 비관론만 있는 것은 아니다. 이명박 전 대통령은 당시 "현재는 IMF 구제금융 때보다 더 어려운 시기지만 우리가 이 어려움을 잘 극복하면 세계 일류국가로 진입할 수 있을 것"이라 말했다. 이 말을 단순히 국민을 안심시키고 사회 전체적 집중력을 높이려는 정치적 의도에서 비롯된 발언이라 치부하는 것은 너무 정략적이다. 세계 전체가 흡사 세계대전처럼 요동치고 있는 만큼 이 전 대통령의 생각이 불가능할 것도 없다는 얘기다.

문제는 모두 알다시피 '무엇(What)'을 '어떻게(How)' 해야 하느냐일 것이다. 이를 알려면 먼저 적을 알고 나를 알아야 하는 법. 하지만 지금 우리 앞을 가로막고 있는 적의 모습은 예단하기 어렵다. 그렇다면 우리의 실력과 단점을 예리하게 짚어본 뒤, 그걸 다듬어 최대한 튼튼하게 버티는 게 상책이다. 이번 전쟁은 장기전이 될 것이기 때문이다.

장기전에 임하려면 경제 기초체력(펀더멘털)을 건강하게 유지하는 게 관건이다. 이를 위해선 먼저 체력 점검이 필요하다.

15년 전 외환위기 당시를 돌아보면 기업과 금융권이 모두 망가진 상태에서 그래도 재정과 가계 부문이 힘든 경제 상황을 버텨줬다. 이에 비하면 지금 상황은 어떤가. 중산층 붕괴로 인해 가계가 오히려 가장 취약한 부문으로 전락한 상태다. 기업 재무 사정이 나아진 것은 사실이지만 그것도 넉넉한 대기업 사정일 뿐, 중소기업엔 여전히 고달픈 현실이다. 그나마 재정이 아직 동원 가능한 수단으로 남아 있는 게 다행이라면 다행이다.

체력 점검을 한 뒤엔 처치법을 고민해야 하는데 외환위기 때와는 달리 이번엔 우리만 생각하고 처방을 내놓기 곤란하다는 게 문제다. 미국 등 서방 선진국의 처치법을 따라 보조를 맞추는 수밖에 없다. 2009년 가을에 열린 G20 정상회의가 그 시발이 될 운명이었다. 하지만 긴 안목에서 실질적인 국제공조 해법이 도출되기까지는 앞으로도 제법 시일이 걸릴 것이다.

그렇다면 그때까지 해야 할 일은 무엇일까. 두 가지 원칙에 각별히 신경을 써야 할 듯하다. 우선 실탄(각종 정책수단)을 아껴 써야 한다. 재정이든 뭐든 결코 낭비해선 안 된다. 선진 각국이 비상대책을 내놓고 있는 마당이니 우리도 보조를 맞추는 것이야 당연하지만 이 과정에서 모럴 해저드(도덕적 해이)가 발생하는 것은 가급적 피해야 한다는 뜻이다.

이런 관점에서 금융회사들로 하여금 중소기업이나 건설업체에 대한 여신을 무조건 만기연장해주도록 유도하는 것은 세심한 주의가 필요했다. 가뜩이나 우리 은행들의 건전성을 두고 외국에서 의심 어린 눈빛을 던지는 판에 부실이 늘어나면 자칫 시스템 위기로 증폭될 수 있었기 때문이다.

비 올 때 우산을 뺏는 것도 문제지만 더 큰 폭우가 쏟아지기도 전에 우산이 동이 나 버린다면 그것은 더 큰 일이다. 찔끔찔끔 실탄을 허비하는 일은 긴 안목에서 볼 때 현 경제팀의 모럴 해저드로 비쳐질 수도 있는 대목이다.

어차피 바닥을 쳐야 다시 올라가는 법이다. 일단 바닥을 쳤다고 판단되는 경우엔 그야말로 충분하고 확실한 지원책을 쏟아 부어야 한다. 그 시점이 머잖아 올 것이다. 그때의 경제팀은 지금과 비교할 수 없을 정도의 강력한 리더십으로 컨트롤 타워의 구실을 해야 한다. 이게 두 번째 원칙이다.

이제 수술동의서를 씁시다

경기진작과 내수 활성화를 위해서는 어느 때보다 타이밍과 속도가 중요하다. 실기를 하는 것이 정책의 실패, 이른바 실책보다 더 나쁘다.

이명박 전 대통령, 2008년 11월 국회 상임위원장단과 한 오찬간담회 중

정책을 실기하고 잘못된 정책을 펴면 바로 경제파국으로 갈 수 있다.

이헌재 전 부총리, 2008년 11월 특강 중

"실기하면 안 된다."

뭔가 기회를 놓치거나 타이밍을 놓치면 안 된다는 뜻이다. 그런데 2008년 이 말이 서로 완전히 다른 의미에서 사용된 두 사례가 있다. 이헌재 전 경제부총리는 그해 11월 서울대에서 한 특강에서 "정

책을 실기하고 잘못된 정책을 펴면 바로 경제 파국으로 갈 수 있다”며 “특히 앞으로 2~3개월이 굉장히 중요하다”고 했다.

이명박 대통령도 이보다 일주일 앞서 국회 상임위원장단과 한 오찬간담회에서 똑같은 말을 했다. 이 대통령은 “경기진작과 내수 활성화를 위해서는 어느 때보다 타이밍과 속도가 중요하다”고 전제한 뒤 “실기를 하는 것이 정책의 실패, 이른바 실책보다 더 나쁘다”고 지적했다.

물론 두 사람 발언이 지칭하는 바는 전혀 다르다. 이 전 부총리는 우리 경제의 구조조정을 얘기한 것이고, 이 대통령은 경기진작을 위한 조속한 예산안 통과를 주문한 것이다.

하지만 경기진작을 얘기했다고 해서 이 대통령이 당시 구조조정의 필요성을 모르거나 혹은 이를 백안시하려는 것은 아니었다고 생각한다. 오히려 구조조정을 위해서라도 이른 예산안 처리와 내각 개편이 절실하다는 점을 설득하고 싶었을 것이다. 큰 수술을 위해서도 일단 몸부터 추스릴 필요가 있었을 것이다.

2008년 말이면 글로벌 금융위기가 일파만파로 퍼져 나갈 때였다. 우리에게도 미국발 금융위기가 강 건너 불이 아니었던 셈이다. 이제 그 불이 우리에게 옮겨붙는 것은 기정사실이었다. 남대문 화재 때처럼 건물의 전소를 막기 위해 지붕 일부를 뜯어낼 것이냐 말 것이냐를 결정하는 일이 당시 결단을 내려야 할 과제였다.

누군가는 소방호스만으로도 불길을 잡을 수 있는 상태라고 말했
다. 병 치료로 치면 내과적 치료만으로 병을 다스릴 수 있다는 주장
이었던 셈이다. 반면 더 이상 내과 치료만 하다가는 병마를 키워 생
명 자체가 위태로워질 수 있으므로 우리 경제에 칼을 들이대는 외
과적 수술이 불가피하다는 주장도 많았다.

문제는 수술할 의사들(청와대와 정부관료)이 수술대에 나서기를
꺼리며 수술을 회피했다는 점이다. 수술용 혈액(공적자금 혹은 유
사 공적자금)까지 환자에게 이미 꽂아 놓은 상태였으나 결국 수술
을 집도하진 않았다.

두 가지 이유가 있었던 것 같다. 우선 하나는 수술동의서가 제출

외환은행 매각 당시 재정경제부 금융정책국장이었던
엘리트 공무원 변양호 씨는 수뢰 혐의로 옥고까지 치
뤘으나 대법원에서 최종 무죄 판결을 받았다. 소신있
는 정책 결정의 후유증으로 억울한 옥살이를 하게 된
이 사건 이후 공무원 사회에선 중요 의사결정에 가급
적 개입하지 않으려는 소위 '변양호 신드롬'이 나타
났다.

되지 않았다는 점이다. 외환은행 매각과 관련한 소위 '변양호 신드롬'처럼 외환위기 때의 경험은 누구보다 선두로 구조조정에 나서야 할 공무원들을 끝없이 주저하게 만들었다. 수술 후 나타날 수 있는 후유증에 대해 무한 책임을 묻는 한국의 분위기가 이런 직무유기를 강요했는지 모르겠다.

하지만 당시 우리가 수술동의서를 써줬다고 해서 문제가 전부 해결되지는 않았을 것이다. 정작 정부가 수술에 나서지 못한 또 다른 이유가 있었다. 수술법을 잘 모르겠다는 것이었다.

외환위기 때 쌓은 수술 노하우로는 이번 수술이 버겁다는 게 당시 한결 같은 고백이었다. 그때는 다 쓰러진 기업을 걷어내면 되는 일이었지만 이번에는 다르다. '부실 징후' 기업을 골라내 수술해야 하는 어려움이 있었다. 또 과거와는 달리 미국이라는 절대 강국이 위기 진원지가 돼버린 탓에 어디 한 곳, 손 벌릴 곳이 마땅치 않았던 것도 우리를 두렵게 했다.

이뿐인가. 외환위기 당시 우리 경제를 튼튼하게 받쳐주던 가계가 이미 가장 위태로운 단계로까지 고꾸라진 상태였다. 여기에 수출도 비상이었으니 이런 허약한 체력으론 과거 방식의 구조조정 수술을 버틸 재간이 없어 보였던 것이다. 외환위기 때 솜씨를 인정받았던 '이헌재류'의 낡은 구조조정 방식이 이번에도 통용될까 의구심이 드는 까닭이기도 했다.

지금 돌이켜 생각해보면 당시 수술을 감행하지 않은 것을 어떻게 평가할 수 있을까. 만약 우리 모두 수술동의서를 써줬다면, 적극적인 수술을 위해 심지어 수술 공무원들에게 면책권도 주었다면, 그래서 더 이상 내과 치료만으로 환자를 회생시킬 수 있다는 미련을 버리고 수술 의사를 믿었다면 어땠을까.

이명박 정부 5년 동안 결국 수술은 없었다. 이명박 정부가 손에 피를 전혀 묻히지 않은 탓에 현재 한국 경제는 많은 질병을 몸속에 간직하고 있다. 수술도 안 하면서 수술용 혈액만 몸속에 투여한 탓에 암 세포만 더 번지게 해놓았는지도 모른다. 물론 역사에서 가정이란 있을 수 없고, 그래서 참 쉽지 않은 판단이다. 수술을 감행했다면 자칫 수술 환자를 사망에 이르게 했을 수도 있다. 하지만 반대로 성공 가능성도 높았다고 생각한다. 그랬다면 지금 우리는 훨씬 건강한 체질의 한국 경제를 갖고 있을런지도 모른다.

변양호 신드롬

현재 보고펀드 대표를 맡고 있는 변양호 대표가 2003년 재정경제부 금융정책국장 재직 당시 외환은행의 론스타 매각을 소신껏 결정했다가 2006년 검찰이 헐값매각 혐의로 기소하면서 생긴 용어다. 중대한 정책사안에 대해 공무원들이 훗날 책임을 추궁당할 것을 염려해 결정을 꺼리는 보신주의를 지칭하는 말로 통용되고 있다.

어중간한 정책이
위기를 키운다

원칙이 분명하지 않고 어중간하다 보면 곳곳에서 모럴 해저드가 판을 치게 마련이다. 원래 전쟁 같은 격변 속에 임자 없는 돈이 넘치고 공짜 재물을 차지하기도 쉽다.

위기 땐 늘 그렇다. 불안과 고요가 반복한다. 잠잠해지는가 싶으면 또 불안 조짐이 나타나는 식이다. 하지만 너무 불안에 떨 필요는 없다. 시장 불안의 파고는 오르락내리락하게 마련이다. 게다가 이번 위기는 상당히 오래 지속될 수밖에 없는 숙명을 타고 나지 않았던가.

그런데 외부요인이야 어차피 우리 힘으로 제어할 수 없는 노릇이니 그렇다 치고 정작 되짚어봐야 할 부분이 있다. 2008년 글로벌 위기가 터진 뒤 한 1년 정도 지날 때쯤 큰 불은 잡힌 듯 보이는 시점이 있었다. 큰 파장은 가라앉은 것 같은데도 뭔가 우리를 다시 불안하게 하는 느낌이었다. 특히 그 무엇인가 불안요인이 이젠 외부가 아닌 우리 내부에서 자라고 있는 듯한 느낌이었다. 아마도 그것은 '대한민국 구조조정'이 지금 제대로 되가고 있는 건가 하는 의구심이었을 것이다.

우선 매사가 어중간해보였다. 정부가 진행 중인 대주단 협약이나 중소기업 패스트 트랙만 해도 그랬다. 모든 게 굳어지기 이전의 '프리 워크아웃'이다보니 어쩔 수 없는 측면이 있었다. 하지만 이런 주장만으로 원칙 없는 정부의 허물을 덮기는 어렵다. 당시 모습이 구조조정도 아니고 구제금융도 아니라는 비판이 제기됐던 까닭이다.

산업은행 민영화가 오도 가도 못하는 어정쩡한 괴물이 돼버린 것도 마찬가지다. 종전 산업은행의 정책금융 기능을 대신한다며 정책금융공사가 설립된 마당에 산업은행 입장만 묘해졌다. 민영화법이 국회에서 통과된 뒤, 민영화 시점을 명확히 하지 않은 탓이다. 당시 위기 상황을 생각하면 민영화를 당분간 확실히 제쳐두고 싶은데 공기업 민영화 등 이명박 정부 슬로건을 훼손하지 않으려니 어정쩡하게 봉합하는 수준에서 정책 결정이 내려진 결과였다.

어중간한 게 양쪽의 편익을 모두 확보할 수 있는 일거양득의 묘책이 된다면 모를까 대부분 경우엔 거꾸로 돈도, 명예도 모두 잃는 하책 중 하책이 되기 십상이다. 경제에는 공짜가 없다는 진리와 무관치 않다.

원칙이 분명하지 않고 어중간하다 보면 곳곳에서 모럴 해저드가

 글로벌 금융위기 당시 금융 안정에 퍼부은 금액만도 무려 100조 원이 넘는다. 여기에 환율 안정을 위해 쏟아 부은 외환보유액까지 합하면 그야말로 천문학적 금액이 투입됐다.

문제는 규모가 아니었다. 흘러넘치도록 퍼부어도 막힌 곳이 뚫리지 않은 게 정말 문제였다. 정부 정책이 뭔가 잘못 짚은 결과였다.

유동성만으로 신뢰 문제까지 풀 수 없는 노릇이다. 그러니 기대한 효과가 아니라 반대 효과가 나타난다. 중소기업 대출에 적극 나서라고 지급보증도 해주고 은행채도 소화해주지만 은행들은 선뜻 대출에 나서지 않았다. 그들은 대출이 마땅치 않자 돈을 쌓아두다 못해 2금융권으로 돌려 돈놀이를 하는 기가 막힐 진풍경까지 연출했다.

당시 머니마켓펀드(MMF)에 몰린 돈이 100조 원을 육박하며 사상 최고치에 근접한 게 이 같은 현상을 입증해준다. 돈이 넘치다 못해 은행 자금과 대기업 자금이 갈 곳을 잃고 헤맨 것이다. 그런데도 금리는 거꾸로 올라가고 말았으니 잘못 짚어도 한참 잘못 짚은 것 같다.

 은행채를 사준다니까 카드채와 할부금융채도 정부와 한국은행이 나서 사달라고 손 벌렸다. 이런 식이니 목소리를 높이며 나서지 않는 쪽이 바보다. 다들 한 몫 잡는 세월이니 못 잡는 쪽만 멍 잡는 셈이었다.

정책당국은 절대 가격변수 방향에 대해 언급하면 안 된다. 그런데도 당시 단기금융시장에서는 대통령과 청와대 뜻이 어쩌니 저쩌니 하면서 시장금리가 어디로 움직일 것이란 얘기가 매일같이 나왔다. 유동성 확대가 중소기업으로 가지도 않고 금리도 안 내려가자 아예 직접 금리를 끌어내려보자는 식이었다. 하지만 이것도 결국 금리 하락에 자신의 이익이 걸린 채권 딜러들의 작업만 도와준 꼴이 되곤 했다.

그렇다면 우리 정책당국은 왜 이리도 세밀하지 못한 정책을 계속 펴는 것일까. 대통령이 일일이 작은 것까지 지시하고, 그에 대한 반응을 빠르게 기대할 경우 이런 심각한 문제가 발생하기 십상이다. 시장이 대통령 뜻대로 움직여주면 좋으련만 괜스레 헛방만 날리는 꼴이라면 위기 수습은커녕 위기를 키우는 꼴이 될지 모른다.

용어설명

워크아웃(Workout)

어원은 잭 웰치 전 제너럴일렉트릭(GE) 회장 및 최고경영자(CEO)가 1980년대 GE에 대한 고강도의 구조조정, 인수·합병, 사업구조 개편을 추진하면서 유래했다는 게 정설이다. 효율성을 떨어뜨리는 일(Work)을 떼어 내는(Out) 일이라는 것. 한국식 용어로는 기업개선작업이 쓰인다. 법정관리로 넘어가기 전에 채권단 차원에서 진행하는 구조조정이 워크아웃인데, 기업을 수술대에 올리려면 돈을 빌려준 금융회사나 기업 4곳 중 3곳이 동의해야 한다. 채권단이 워크아웃 기업에 대한 조정에 실패하면 기업구조조정위원회가 조정을 신청해 최종 적용 여부를 결정하는데 통상 워크아웃이 실패하면 법정관리로 가는 게 일반적이다.

누가 '쏠림'을 부추기는가

쏠림 현상의 본질을 리스크 회피라는 이기심으로 해석하는 경제학에서는 '불완전 정보'에서 그 원인을 찾는다. 과거에 비해 정보 유통이 무척 빠른데 무슨 얘기냐 하겠지만 그게 아니다. 정보 유통이 10배 빨라졌다 해도 100배, 1,000배 늘어난 비즈니스 기회와 리스크에 비하면 정보의 불완전성은 더 심해진 셈이다. 사실 정보의 질과 유통주기, 배분구조 등이 혁명적으로 달라지지 않는 한 빠른 정보 유통은 오히려 쏠림을 가중시킬 독이 될 수 있다.

다른 나라와 구별되는 한국 사회의 특징으로 어떤 것이 있을까. 여러 가지가 있겠지만 그중 하나가 소위 쏠림 현상(Herd Behavior)이 아닐까 싶다. 누가 저쪽이다 외치면 우루루 저쪽으로 몰려가고 반대로 다시 이쪽이다 하고 바람을 잡으면 또 이쪽으로 몰려온다. 누가 뭐라든 자기 소신대로 움직이기보다는 남의 말이나 행동에 쉽게 영향을 받는다.

이런 쏠림 현상은 한마디로 군중심리 혹은 합리적 이기심에 입각

 하늘을 나는 새 떼처럼 선두에 선 한 마리가 방향을 틀면 그 뒤를 따르는 무리가 일제히 그쪽으로 방향을 트는 군집 행태를 말한다.

주지하다시피 쏠림 현상은 글로벌 경제를 비롯한 모든 경제 영역에 깊숙이 자리 잡고 있다. 특히 국제금융이나 외환시장에서는 경제학적 분석틀로 많이 활용되고 있다. 세계를 강타한 서브프라임 모기지발 신용경색도 쏠림 현상의 일종이고, 참여정부에서 나타난 부동산 광풍이나 대출 경쟁도 일종의 쏠림 현상이다.

더 대표적인 사례는 환율이다. 여기서는 쏠림 현상이 단순한 쏠림을 넘어 스스로의 최면 같은 기이한 현상을 촉발하기도 한다. 조선업종 수출이 급격히 늘고 있다고 가정해보자. 그러면 외환시장에서는 장차 거액의 달러 자금이 수출대금으로 들어올 것이므로 그 대금이 들어올 시점에 원화값이 강세(달러화 약세)로 흘러갈 것이란 예상이 형성된다. 이런 예상이 강할수록 수출업체는 달러 선물환을 당장 은행으로 가져가 원화로 바꾸려 들 것이다. 특히 연말이면 이 경향은 더욱 심해진다. 인사고과를 앞둔 재무담당 임원들이 추후 추궁당할 여지가 있는 선물환을 손에 들고 있느니 차라리 일찌감치 원화로 바꾸려 들기 때문이다. 선물환을 그대로 들고 있다가 만약 달러화 가치가 크게 떨어질 경우 원화 환산 금액이 줄어들 수 있으므로 이를 사전에 막으려는 것이다.

이처럼 달러가치 약세를 예상하고 달러 선물환 매도가 집중되면 이것이 정말 외환시장을 원화 강세로 몰아간다. 스스로 예상한대로 결과가 그쪽으로 나타나는 것이다. 소위 자기완결적 예언(Self-fulfilling Prophecy) 이론이다. 달러 선물환 매도에 따른 달러가치 하락은 실제 참여정부 시절 심각하게 진행됐었다. 이명박 정부 들어 기획재정부 고위관계자들의 환율 입방아로 원화 가격이 곤두박질치고 그 결과 물가가 요동친 것도 마찬가지다.

사실 모든 시장에는 정도의 차이만 있을 뿐 쏠림 현상이 없을 수 없다. 문제는 그 정도가 과도해 시장 왜곡이 생기는 경우다. 흔히 시장 실패 사례로 거론된다. 물론 최근 우리 환율 사례 같은 '한국적 쏠림 현상'은 시장 실패보다 정책 실패의 성격이 짙지만 말이다. 아무튼 요즘 경제학자들이 열심히 찾고 있듯이 쏠림 현상에 취약한 시장구조가 어떤 것인지 그 원인을 밝히는 것이 중요하다. 그 원인의 윤곽이 잡히면 한국이 쏠림 현상에 유난히 취약한 이유도 드러나게 될 것이다.

눈길을 우리 정치시장으로 돌려보자. 쏠림 현상은 모든 시장의 문제이니만큼 노무현 대통령 시절 탄핵 사태나 이명박 정부 초기의 촛불정국도 일종의 쏠림 현상이다. 이보다 앞선 과거 사례도 무수히 많다.

여기에서 문제는 경제 쪽과 마찬가지로 정치 쪽에서의 쏠림 현상도 그 정도가 너무 심해지고 있는 것은 아니냐는 점이다. 즉 우리 정치시장도 쏠림에 취약한 구조로 변질되고 있는 것은 아니냐는 것이다. 한때 누군가는 우리 국민에게 들쥐 근성이 있다며 쏠림의 근본 원인을 국민성에서 찾았다. 기분 나쁜 얘기지만 무시하지 못할 요인일지 모른다. 그러나 국민성은 어제 오늘의 일이 아니다. 우리가 찾고 있는 변화된 시장구조와는 무관한 요인이다.

그렇다면 다른 무슨 요인이 있을까. 쏠림 현상의 본질을 리스크 회피라는 이기심으로 해석하는 경제학에서는 '불완전 정보'에서 그 원인을 찾는다. 과거에 비해 정보 유통이 무척 빠른데 무슨 얘기냐고 하겠지만 그게 아니다. 정보의 중요성이 절대적인 외환시장에서 쏠림이 전형적으로 나타나는 것만 봐도 알 수 있다.

정보 유통이 10배 빨라졌다 해도 100배, 1,000배 늘어난 비즈니스 기회와 리스크에 비하면 정보의 불완전성은 더 심해진 셈이다. 사실 정보의 질과 유통주기, 배분구조 등이 혁명적으로 달라지지 않는 한 빠른 정보 유통은 오히려 쏠림을 가중시킬 독이 될 수 있다.

정치시장도 마찬가지가 아닌가 싶다. 인터넷을 포함해 우리의 정보 유통은 과거에 비할 바가 아니다. 문제는 정보 유통시장이 커진 만큼 정보의 질과 배분구조에도 그만한 발전이 있었느냐는 점이다. 방송이나 신문이나 포털 할 것 없이 모두 자기 입맛에 맞는 그 뉴스에 그 뉴스고, 그런 칼럼에 그런 주장이다. 정보 유통시장에 제대로 된 시장원리가 작동하지 않았던 탓이다.

백스윙이 크면 포워드스윙도 커진다. 한 쪽으로의 쏠림은 다른 한 쪽으로의 쏠림을 키운다. 펀더멘털(기초여건)을 무시한 단기대책은 이런 시장구조만 악화시킨다. 다시금 인사가 만사고 포퓰리즘(인기영합주의)이 만악의 근원이라는 생각이 든다.

자기완결적 예언(Self-fulfilling Prophecy)

우리 속담으로 말하면 말이 씨가 된다는 정도의 뜻을 가진 현상을 일컫는다. 처음엔 심리학에서 고안된 개념인데 최근엔 경제학에서 많이 활용되고 있다. 기대심리가 의사결정 및 경제 현상에 크게 영향을 미치는 것을 의미한다. 대다수 시장 참가자들이 미래를 예상해 그에 맞추어 행동하게 되면 예상한 결과가 실제로 나타날 수 있다는 것이다.

중기(中期) 개혁과제에 올인하라

2008년 환율상승은 과도하게 고평가된 원화가치가 정상화되는 과정이었다. 경상수지가 2004년 280억 달러 흑자에서 매년 반 토막으로 악화돼 적자로 가는데도 원화는 일본의 3배나 절상됐다. 과거 재경부 장관들이 천편일률적으로 '환율은 시장에 맡긴다'고 했는데 이건 말도 안 되는 소리다. 환율이 펀더멘털과 동떨어져 있으면 정부가 잘못돼 있다는 메시지를 전달하고 그래도 쏠림이 있으면 정부가 개입해야 한다. 나는 여전히 환율주권론자다.

강만수 전 기획재정부 장관, 2009년 9월 한국경제신문과 인터뷰 중

환율이 올라가고 원화값이 떨어지면 우리나라 경상수지에 어떤 영향이 있을까. 이명박 정부를 돌아보면서 생각해본 '화두 끄집어내기용' 상징성 질문이다.

경제학에선 아주 초보적 질문에 속한다. 단기적으론 경상수지를 악화시키고 물가상승도 유발할 수 있으나 결국 중장기적으론 수입을

줄이고 수출을 늘리는 효과가 나타나 수지를 개선한다는 게 답이다.

여기서 간과해선 안 되는 게 '단기적으론'과 '장기적으론' 사이의 시차 효과다. 그러나 말이 쉽지 이게 실제 정책 현장에서는 수많은 우여곡절의 원인이 되곤 한다. 사실 이명박 정부 첫 기획재정부 수장이었던 강만수 장관의 환율주권론과 그로 인한 초반 실패도 마찬가지다.

예컨대 환율주권론을 보자. 원칙적으론 필자도 환율주권론을 지지한다. 어느 나라나 환율을 완전히 시장에만 맡겨 두진 않는다. 환율도 어느 정도는 정책변수라는 뜻이다. 다만 환율주권론이 설득력을 가지려면 '장기적'이고 '암묵적'이라는 두 가지 조건이 전제돼야 한다. 그러지 않고 단기적 용도로, 그리고 대외적으로 대놓고 환율주권론을 내세우면 되려 부작용만 낳을 수 있다. 다수의 국가가 환율을 경쟁적으로 자국에게 유리하도록 움직인다면 그건 바로 환율전쟁이 된다.

시차 문제가 경제학이나 경제정책에서 가장 어려운 문제 중 하나임은 주지의 사실이다. 그런데 경제정책뿐 아니라 이명박 정부 전체의 초반 실패에 이 문제 틀을 대입해보면 어떨까. '단기', '장기' 하는 시차 분석 틀이 향후 과제 도출에 제법 도움이 될지 모른다는 생각이 든다.

돌이켜보면 이명박 정부는 취임 직후 곧바로 이어진 2008년 4월 총선에 올인했고, 그 탓에 단기 통치과제 개발에 실패했다. 대신 장기 추진과제가 조기 착수과제로 도치되고 대선에서 내세운 장기 비전이 단기 악재로 작용하는 이중, 삼중의 고난을 겪었다.

강만수 전 장관의 '환율주권론'이 가진 결함은 환율을 너무 단기적으로 써먹었다는 데 있다. 당장 수출에 도움을 준 것처럼 보였지만 물가를 자극하고 경제양극화를 심화시켰다는 공격의 빌미만 제공했다. 환율주권론의 실패가 장기-단기가 뒤바뀐 전도 사례라면 '7-4-7' 공약은 가뜩이나 어려운 경제 상황 속에서 이 정부의 무능을 극대화해 보여주는 돋보기가 되고 말았다. 이게 다 이명박 정부가 첫 총선을 승리로 이끈 데 따른 총선 압승비용일 수 있다. 경제를 희생양 삼아 정치를 챙긴 결과가 됐다.

이명박 정부가 임기 초반 바닥권 지지도를 보이다가 얼마 지나면서부터 부분적으로 지지도 상승세를 보인 적이 있다. 그런데 이때 지지도 반전의 의미를 똑바로 알아야 한다. 임기 초반 일할 틈도 제대로 주지 않고 몰아쳤던 게 안쓰러워 내민 유보적 지지의 성격이 강하다. 유보적 지지는 '일하는 걸 지켜보다 마음에 들지 않으면 다시 지지를 철회하겠다'는 의미다.

단기 부작용만 끄집어 문제 삼고 비판하는 식이라면 누구도 제대로 일을 할 수 없다. 마찬가지로 단기 부작용에 너무 제 발이 저려하는 것도 바람직하지 않은 모습이다. 뜬금없지만 이명박 전 대통령이 당시 8·15 경축사를 통해 녹색성장을 강조한 것이나 "2009년 말쯤이면 경제가 회복될 것"이라며 국민을 달랜 것은 이런 각도에서 보면 뻔한 목적이다. 단기 실패에 쏠렸던 수많은 눈초리를 어떻게든 장기로 돌려보자는 것 아니었을까.

당시 같은 세계 경제 상황에선 당장 단기간에 실적을 낼 만한 재료가 있을 턱이 없다. 하지만 그렇다고 해서 장기도 아주 먼 장기나 다름없는 '녹색성장'을 얘기하고 막연히 '내년 말'을 손가락으로 가리키는 것만으로는 위험천만이다. 분명한 실적을 못 내면 지지도 추락은 그저 시간문제일 뿐이다. 뚜렷한 실적, 그것도 지지그룹만이 아닌 국민 전체가 인정할 수 있는 실적을 내야만 한다. 그렇다면 무슨 일을 해야 할까.

단기도 아니고 장기도 아닌 중기과제를 발굴하고 실행하는 게 필요하다. 그것도 종래와 다른 창의적 방법으로 말이다. 그럼, 그게 무엇이냐고? 우리 경제에 가장 시급하고도 중요한 게 무엇이냐고 묻는다면 불황기의 소리 없는 구조조정과 규제개혁이 늘 정답이라고 말하고 싶다. 개혁 대상은 공공부문만이 아니다. 구조조정을 통해 민간에도 새로운 활력이 돌도록 하는 일이다.

경기 회복 조짐이 보인다고?

일부 경제지표의 긍정적 신호에도 불구하고 절대 낙관할 단계가 아니다. 경제 주체 모두 다시 신발끈을 매야할 때다.

한승수, 2009년 4월 경제상황점검회의 중

불확실성 시대엔 '쏠림'이 더 기승 부린다고 했던가. 2008년 글로벌 금융위기 때도 위기 발발 반 년 만에 때 이른 경기 회복 조짐론이 세계 곳곳에서 눈에 띄곤 했다. 쏠림 중에서도 글로벌한 쏠림이었던 셈이다.

먼저 해외부터 보자. 당시 외신을 보면 미국 경제에 봄 새싹 같은 회복 조짐(Green Shoots)이 나타나고 있다는 기사들이 하나둘 늘고 있었다. 소비자신뢰지수, 재고, 실업률 등 각종 경제지표들이 다소 혼란스럽긴 하지만 머잖아 경기 저점을 통과하는 쪽으로 해석될 법하다는 것이다.

경제에 봄 기운이 돌기 시작했다는 식의 얘기는 미국에 앞서 우리가 선배인 듯하다. 경제 체질이 냄비 같아 그런지 몰라도 위기 국면 운운하다가 각종 지표들에 다시 청신호가 켜지기까지 긴 시간이 흐르지 않았다. 2009년 봄부터 무역수지가 호조를 보인 것은 물론이고 광공업 생산도 급락행진을 멈추는가 하면 코스피 주가지수도 다시 반등을 시도했다.

그러나 계절 요인이 강한 일부 지표만으론 근거가 부족했다. 게다가 그동안 해 온 일이라야 돈을 왕창 푼 것밖에 없으니 일시적 거품일 공산도 컸다. 그래서 예단은 아직 금물일 텐데도 주변을 돌아보면 이미 낙관적인 전망이 분위기를 압도하고 있었다. 쏠림 현상의 선진국답게 민간·국책연구소 가릴 것 없이 하나 같이 바닥 탈출을 자신하는 목소리로 가득했다.

이러다간 우리가 언제 그랬느냐는 식으로 위기를 까맣게 잊어버리지나 않을지 모를 일이었다. 절망과 생활고에 찌든 서민들에게 경기 회복론이 힘을 주면 줬지 뭐 그리 나쁘랴. 하지만 섣부른 자기만족은 실패를 부르는 주문일 뿐이다. 지난 외환위기를 상기해보라. 위기를 겪은 지 채 2년이 안 된 1999년에 후속 정치 일정을 감안해 성급하게 외환위기 극복을 선언했던 게 우리 경제에 얼마나 큰 해악을 끼쳤는가.

이걸 모를 만큼 우리 정부가 어리석진 않다. 한승수 국무총리가 2009년 당시 경제상황점검회의에서 "경제위기 극복을 위해 다 같이 노력한 결과 약간 긍정적인 신호가 있다"고 낙관론을 부추기면서도 "신발끈을 다시 매야 한다"고 다짐한 것도 이즈음의 분위기를 잘 반영해준다.

하지만 중요한 것은 말이 아니다. 신발끈을 다시 매는 '일'이다. 공허한 경기 논쟁이 아니라 '이제 다음 단계로 무엇을 해야 하느냐'는 실천과제를 고민할 때다. 그리고 그 첫 단추는 김대중 정부에 대한 비판적 복기에서 시작해보는 것도 방법이었다.

위기는 기회다. 특히 개혁에는 더없이 좋은 절호의 기회다. 1997년 외환위기 직후 성급한 위기 극복 선언으로 인해 김대중 정부가 무엇을 완수하지 못했는지 돌이켜볼 일이다. 특히 좌파 정부였기에 당시 엄두 내지 못한 일이 무엇이었는지 먼저 따져볼 필요가 있다. 그리고 나면 지금 할 일이 보인다. 법질서 확립, 공공혁신, 노동개혁, 규제혁파, 교육·의료·법률 등 쇄국산업 개혁 등 한두 가지가 아니다.

해야 할 일이 있다면 해선 안 될 일도 있다. 정치권으로선 힘든 유혹이겠지만 경제를 정치에 이용하지 않는 일이 우선 중요하다. 하지만 권력을 잡고도 이를 삼가는 일은 동서고금을 불문하고 어려운 일인 모양이다.

2009년 당시 우리 정부를 두고는 구조조정을 포함해 모든 어려운 일을 지자체 선거가 있는 2010년 이후로 미루고 있다는 비판이 나왔다. 하지만 흥미로운 일은 미국도 이런 비판에서 자유롭지 못하다는 점이다. 당시 티모시 가이트너 미국 재무장관의 위기대책을 두고도 중간선거가 있는 2010년 말 뒤로 위기를 1년 반 늦춰 놓는 것에 불과했다는 비난이 제기됐다. 아마도 한·미 간 차이가 있다고 해봐야 고작 6개월 정도의 시차가 아니었을까 싶다. 우리의 경기 회복 조짐론이 미국보다 6개월 정도 앞서고 그만큼 강도도 조금 강한 것이었을 뿐 사람 사는 곳의 세상 돌아가는 모습은 모두 다 비슷한 모양이다.

용어설명

그린슈트(Green Shoots)

경기가 침체된 상황에서 경기 회복의 징후가 나타나기 시작하는 것을 일컫는다. 파란 새싹이 돋아나는 것을 형상화해서 만들어진 용어. 1990년대 경기 침체기에 영국에서 처음 사용됐으며, 2000년대 말 글로벌 금융위기 후 반짝 경기가 호전 조짐을 보이자 이를 두고 미국에서 다시 사용됐다.

우리를 불안하게 하는 것들

미국, 유럽의 국제공조가 가동되기 시작한 이상 앞으로 불어 닥칠 광풍의 피해자는 이제 선진국만이 아니다. 오히려 그 중심에 아시아가 설 수밖에 없을 것이란 점이 우리를 불안하게 한다. 수출 둔화, 달러 수급 비상은 기본이다. 제2 플라자합의가 됐든 뭐가 됐든 그들 중심의 고통 분담 메커니즘에 우리도 편입될 것이다.

안톤 슈나크의 《우리를 슬프게 하는 것들》이라는 수필이 있다. 살다 보면 누구나 굵직굵직한 슬픈 사연들이 있겠지만 슈나크의 수필처럼 일상 속의 작은 편린들이 오히려 우리를 더 슬프게 하는 법이다.

2008년 글로벌 금융위기에 직면한 우리 모습을 바라보며 슈나크의 수필 제목을 떠올렸다면 지나친 비약일까. 정부는 우리가 월가에 직접 물린 돈이 얼마 되지 않고 미국, 중국, 일본 등 재무당국과 핫라인도 가동하기 시작했다며 안심하란다. 그런데도 불안감이 시원하게 가시지 않는 것은 왜일까.

당시 만나 본 사람들은 대부분 이런 마음을 전했다. 멀리 미국 월가를 휩쓸고 있는 거대한 불길도 걱정이지만 최근 지켜본 우리 주변의 이런저런 모습들이 우리를 더 불안하게 한다고. 이를 테면 '우리를 불안하게 하는 것들'이다.

세계 4위 투자은행(IB) 리먼브라더스를 파산 며칠 전까지 흥정하고 다녔던 우리 국책은행이나 이를 암묵적으로 지원했던 정부 당국이 우리를 불안하게 한다. 그러고도 결국 리먼이 파산하자 얼굴을 바꿔 사실은 리먼 인수 시도를 막판에 저지한 게 자신들이라며 억지 공을 내세웠던 몸통 당국자들의 뻔뻔함을 대하면 불안하다 못해 슬퍼진다.

리먼 파산 직후 리먼의 핵심 역량만 17억 달러에 삼켜버린 영국계 바클레이스은행을 보라. 우리와의 극명한 실력 차를 확인하는 것 같아 영 서글퍼진다.

성공적인 외평채 발행을 통해 당시 떠돌던 9월 위기설을 뿌리째 날려버리겠다며 해외 로드쇼에 나섰던 국제금융 공직자들도 우리를 불안하게 한다. 자신이 없으면 말이나 말지 3,000억 달러가 넘는 외환 보유고를 갖고도 며칠 앞을 내다보지 못하는 정보 수준이니 도대체 글로벌 네트워크를 갖고 있기나 한 건지 한심한 일이었다.

호랑이 굴에 물려가도 정신만 똑바로 차리면 살아올 수 있다고

2008년 베이징올림픽은 중국이 미국에 맞서 세계의 패권국가 반열에 올랐음을 상징하는 국제
스포츠 행사였다.

했던가. 아무리 커다란 위기 국면이라도 우리의 위기관리시스템만 단단하면 문제될 게 없다.

그런데 당시 정부 최고 당국자들의 행태는 우리를 영 불안하게 했다. 기획재정부 장관 말이 다르고 금융위원장이나 한국은행 총재, 청와대 경제수석의 말이 모두 다르니 불안하기 짝이 없다. 하필이면 글로벌 금융이 격변하게 될 줄 모르고 정부조직 개편에서 국제금융(기획재정부)과 국내금융(금융위원회)을 떼어놓는 기발한 실수를 범한 것도 불안의 씨앗이었다.

당국의 투명성과 전문성도 우리를 불안하게 한다. 정말 별 영향 없을 것이라고 믿는 것인지, 아니면 그런 말만으로 불안을 잠재울 수 있으리라고 착각하는 것인지 아무튼 마음이 놓이지 않는다.

미국은 2008년 베이징 올림픽이 끝나고 자기들의 대선을 고작 두 달 앞둔 시점에 작전을 개시했다. 유럽도 회계제도가 달라 시차가 있을 뿐 미국에 이어 부실 처리에 따른 고통 전가에 나섰다. 미국, 유럽의 국제공조가 가동되기 시작한 이상 앞으로 불어닥칠 광풍의 피해자는 이제 선진국만이 아니다.

오히려 그 중심에 아시아가 설 수밖에 없을 것이란 점이 우리를 불안하게 한다. 수출 둔화, 달러 수급 비상은 기본이다. 제2 플라자 합의가 됐든 뭐가 됐든 그들 중심의 고통분담 메커니즘에 우리도 편입될 것이다.

월가의 요동을 지켜보며 미국식 자본주의는 이제 종말을 고한 것이라고 일찌감치 단언하는 자주적 혜안들도 나를 불안하게 한다. 언제는 배우자고 난리더니 이제는 미국식 금융의 문제점을 모두 간파한양 떠들어댄다. 벌써부터 금융산업 개편과 민영화 재검토 같은 꿍꿍이 담긴 목소리도 이면에서 들려온다.

그래도 우리에겐 앞으로 벌어질 일들이 위기이자 기회다. 우리 경제의 펀더멘털은 기본적으로 괜찮은 편이란다. 다만 몇 가지 잠복된 환부들이 불안하다. 확장일로였던 금융 레버리지가 방향을 틀면 위기 양상도 실물경제로 확산될 것이다. 이는 수출의존도가 지나치게 높은 우리 경제에 치명적일 수밖에 없다.

용어설명

플라자합의(Plaza Accord)

1985년 9월 22일 프랑스와 독일, 일본, 미국, 영국 등 선진 5개국 중앙은행 총재가 뉴욕의 플라자호텔에서 만나 미국의 무역수지 개선을 위해 일본 엔화와 독일 마르크화의 평가절상을 유도하며 이것이 순조롭지 못할 때에는 정부의 협조 개입을 통해 목적을 달성한다는 등의 내용에 합의한 것을 말한다.

1978년 2차 석유파동을 겪은 미국은 1980년대 초 레이건 행정부가 들어서면서 개인소득세를 대폭 삭감하고 재정지출은 유지함으로써 대규모 재정적자를 발생시켰다. 여기에 고금리 정책으로 전환, 달러가치는 높아지면서 경상수지 적자가 심각한 양상을 띠게 되자 플라자합의를 유도하기에 이른 것이다. 이 합의로 독일 마르크화는 1주 만에 달러화에 대해 약 7%, 엔화는 8.3% 각각 오르는 즉각적인 변화가 나타났고, 이후 2년 동안 달러 가치는 30% 이상 급락했다.

'인디언 서머'의
본뜻을 아시나요

인디언 서머라는 용어의 여러 가지 유래 가운데 하나는 바로 겨울을 닥치지 않고 미리 준비하라고 우리에게 주어진 하늘의 선물이라고 한다. 지금 우리가 무엇을 하느냐에 따라 언젠가 닥칠 우리의 진짜 추운 겨울을 얼마나 덜 춥게 보낼 수 있는지 결정될 것이다.

'인디언 서머(Indian Summer)'라는 게 있다. 가을 중턱에 자주 인용되는 날씨 용어다. 북미 지역에서 늦가을 혹은 초겨울이 오기 전에 비정상적으로 따뜻한 날이 계속되는 기간을 일컫는다. 보통 2주일 정도 지속된다고 한다.

경기 평가나 분석에도 인디언 서머라는 용어가 등장한다. 보통 침체를 보이던 경기가 뜻밖의 빠른 회복세를 보일 때 보통 사용된다. 추운 겨울을 앞두고 예상 밖으로 따뜻한 날들이 이따금 찾아오듯 경기 침체기에도 언뜻 경기가 풀린 듯 보이는 현상이 나타나곤

한다.

인디언 서머는 경기진작책 효과와 결부지어 생각해봐도 해석의 여지가 많다. 진작책이 효과를 발휘하려면 마치 불쏘시개로 붙인 불이 장작에 훨훨 옮겨붙듯 경제 이곳 저곳으로 불씨가 살아나야 한다.

그런데 이게 그리 만만한 일이 아니다. 아궁이나 야영장에서 장작으로 불을 붙여 본 사람이면 알 것이다. 장작을 공기가 잘 통하도록 쌓고 종이나 잔가지 등 불쏘시개를 요령껏 태워야지 자칫 잘못하다간 불쏘시개만 동나고 만다.

경기진작이라는 것도 이와 다르지 않다. 침체된 경기에 불을 당기려면 먼저 재정·금융정책 같은 불쏘시개를 써야 한다. 정부가 재정 지출을 늘리거나 시중에 돈을 풀고 금리를 내리는 식이다. 이게 잘만 연결되면 적어도 두세 분기 후엔 경기에 시동이 걸린다.

여기서 중요한 일은 장작에 제대로 불이 옮겨붙어야 한다는 점이다. 만일 그렇지 않고 불쏘시개가 타면서 나오는 마른 불길에 곁불만 쬐다간 그나마 얼마 지나지 않아 불쏘시개만 태우고 끝내는 허망한 꼴이 되고 만다.

그러면 글로벌 금융위기 후 우리 경제가 전반적으로 둔화 국면을 맞으면서도 부분적으로 빠른 회복세를 보인 것을 인디언 서머라는 각도에서 이해해볼 수 있을까. 그럴 수 있을 것 같다. 불쏘시개 같은 진작책을 제법 여럿 동원했고, 그 결과였던지 당시 경기 회복 열기와 강도는 그야말로 세계 선두권이었다. 확실한 성장률 상승이라는 모습으로 화끈하게 화답하진 않았지만 말이다.

그래서였을까. 당시 한국 경제에 특별한 문제나 이슈가 뭐냐고 물으면 돌아오는 대답은 하나같이 '글쎄'였다. 즉답이 거의 없었다. 대신 여기저기서 "그래도 한국 경제 역동성이 대단한 것 같아"식의 반응이 터져 나왔다.

그럼 왜 유난히도 한국만 잘 버틸 수 있었을까. 이는 어쩌면 우연이거나 착시일지 모른다. 하지만 그와는 달리 '이유 있음'이란 설명도 있다. 이유는 두 가지, 위기 경험과 지배구조다.

아직도 생생한 외환위기 경험 탓에 위기대응 능력이 우리 몸에 뱄을 것이란 게 첫 번째 요인이다. 정부의 과단성 있는 결단, 기업과 금융회사의 상대적으로 낮은 차입비율 등이 모두 과거의 쓰라린 경험 덕분이라는 것이다.

두 번째는 한국식 지배구조다. 글로벌 위기 국면에서 두각을 나타낸 곳들을 하나둘 뜯어보면 공통점이 있는데, 하나같이 빠른 의사결정과 기동력을 가졌다는 것이다. 오너십이 확고한 한국식 대기업 지배구조가 십분 힘을 발휘할 수 있었던 셈이다. 이러다 보니 지구촌 곳곳에서 한국처럼만 하라는 소리까지 들렸다. 한국 기업들이 어떻게 하고 있는지 잘 관찰하라는 얘기도 돌아다녔다.

그런데 인디언 서머 기간은 그리 길지 않다. 그리고 100년 만에 한 번 있을까 말까 한 위기라고 하지 않는가. 과거 경험과 지배구조만으로 버티기엔 버거운 항로다. 세계는 한국처럼만 하라는데 정작 한국은 이제부터가 고민이 아닐 수 없다.

게다가 이젠 장기전이다. 단기간에 남의 것을 뒤따르고 따라잡는 데는 이골이 난 우리지만 거꾸로 남들이 따라올 중장기적 전범을 만들어 가며 창조적으로 개척하는 데는 솔직히 말해 좀 약한 게 사실 아닌가.

민간과 공공의 균형만 해도 그렇다. 일부 불가피성은 인정하지만 위기 탈출 과정에서 부풀려 놓은 공공부문의 힘이 민간의 활력을 너무 압도하고 있다. 기껏 머리를 쓴 정책이라고 해야 '취업 후 학자금 상환'이나 '미소(美少)금융', '행복기금' 정도가 고작이어서 '돈 안 갚아도 되는 사회'를 만들어가고 있다. 걱정이 아닐 수 없다. 시카고학파의 거두 로버트 루카스 시카고대 교수의 지적처럼 민간활력을 되살리는 게 진정한 출구전략이다.

인디언 서머라는 용어의 여러 가지 유래 가운데 하나는 곧바로 겨울을 닥치지 않고 미리 준비하라고 우리에게 주어진 하늘의 선물이라고 한다. 지금 우리가 무엇을 하느냐에 따라 언젠가 닥칠 우리의 진짜 추운 겨울을 얼마나 덜 춥게 보낼 수 있는지 결정될 것이다.

기업지배구조

통상 기업내부의 의사결정시스템, 이사회와 감사의 역할과 기능, 경영자와 주주와의 관계 등을 총칭한다. 우리나라의 경우 기업지배구조 개선작업은 사외이사제도 도입, 감사의 독립성 제고, 회계제도의 선진화, 주주 권리의 강화, 금융감독체계 강화 등을 기본 골격으로 진행되고 있다. 그동안 미국을 중심으로 하는 선진국에서는 우수한 기업지배구조가 기업경쟁력의 원천이며 각국경제의 장기적 안정성장의 기본요건이라는 인식이 확산돼 왔다.

좌파 정부와
우파 정부 사이

한반도 비핵화를 전제로 남북 정상 간 군축을 선언하고 현재의 정전협정을 평화협정으로 대체하는 논의를 미국과 함께 시작해 북미수교의 물꼬를 튼다. 병력 감축은 북한이 20만 명 정도의 건설사병을 SOC 건설인력으로 전환하고 우리도 이에 상응한 감군을 한다. 상비군 병력을 20만 명 정도만 줄이면 모병제를 해도 병력 충원에 전혀 문제가 없다.

\#

위기 전야엔 위기 징후를 알리는 몇 가지 시그널이 나타난다. 그 가운데 하나가 '제 발 저린 집단들의 분주함'이다. 거품의 시대에 세상을 어지럽힌 집단들일수록 위기가 저만치서 오는 소리에도 겁을 집어 먹는다. 앞으로 당할 곤욕과 매 맞기를 생각하니 제 발이 저린 것이다.

2008년 글로벌 위기가 닥치기 전인 2007년. 특히 두 곳이 떨고 있었다. 한 쪽은 좌파 정부에서 몸집을 불려 온 대표적 집단이다. 다름 아닌 정부 부처와 공기업을 포함한 공공 부문이다. 다른 한 쪽은 삼성을 비롯한 재벌 대기업이다.

누가 더 뭇매를 맞아야 마땅할까. 정해진 공식은 없다. 이 역시 운이다. 정부가 매를 맞으면 민간 대기업이 상대적으로 마음 가볍고, 반대로 재벌 대기업에 대한 비판이 거세지면 정부 공공 부문이 오히려 기가 산다. 좌파 정부에선 정부가 대체로 득세하고 우파 정부에선 대기업 쪽이 다소 우세해진다.

정부 부문이 대수술을 걱정하는 이유는 간단하다. 지은 죄가 그만큼 많기 때문이다. 매주 화요일 국무회의에서 제 식구를 늘린 결과 중앙 공무원 100만 명 시대가 성큼 다가왔다. 또 정부 규제망은 얽히고설켜 민원인이 어디를 찾아가야 할지 헷갈릴 정도다. 금융, 통신 등 대기업 주변을 돌아보면 규제당국들이 서로 이권다툼하듯 싸우고 심지어는 담합하는 일까지 나타난다.

규제도 더욱 교묘해졌다. 법에 의해 규제를 신설하고 강화할 때마다 규제개혁위원회가 제동을 걸자 꾀를 내기도 한다. 규제위 심사를 거치지 않는 의원입법으로 우회하는 방법이다. 정부는 규제를 쉽게 늘려 좋고, 의원들은 입법 실적 올려 좋다. 한 여당 의원은 의원입법 중 절반 이상이 정부부처의 '부탁'으로 이루어진 것이라고 실토한다.

정부개혁에 비해 재벌개혁은 훨씬 어렵다. 더욱이 과거에 대한 단죄 차원이 아니라 미래 지향적이고 의미 있는 개혁 작품을 기대한다면 더더욱 그렇다. 삼성을 비롯한 재벌개혁의 본질은 이제 지배구조 문제일 수밖에 없다. 과연 오너 체제에서 전문경영인 체제로 넘어가기 위한 필요충분조건들이 얼마나 갖춰져 있는지가 관건이다.

사실 이명박 정부에서는 정부가 매를 맞을 차례였다. 여러모로 그게 순리였다. 우파 정부로의 정권교체가 이뤄졌고 좌파 정부 10년간 정부가 너무 비대해졌다. 임기 초반 분위기도 그렇게 돌아갔다. 대못을 뽑겠다느니 하면서 정부 규제를 개혁하는 데 초점을 맞추는 듯했다.

역사는 그러나 다양한 변수가 작용한다. 글로벌 위기가 도래하면서 사태는 완전히 뒤바뀌었다. 위기가 닥친 마당에 위기 진화를 진두지휘해야 할 정부를 먼저 단죄하면서 하루하루를 보낼 수는 없는 노릇이었다. 공무원들과 공기업들이 큰 화를 면한 셈이다.

그렇다고 당장 민간 대기업들이 치도곤을 당하진 않았다. 우파 정부에서 그런 쪽으로 방향을 잡는 것은 옳지도, 가능해 보이지도 않았다. 그러나 임기 후반으로 접어들면서 이명박 정부는 좌파 쪽 어젠다를 먼저 선점하려는 정치적 공략에 불을 당겼다. 여기에다 부의 양극화가 글로벌 위기에 따른 침전물처럼 모두에게 부각됐고 이로 인해 대기업이 비난의 표적으로 등장했다. 뭇매를 맞아야 할 정부는 이 과정에서 오히려 위기 극복의 공을 인정받고 득세를 하는 역전 현상이 나타났다.

그러면 박근혜 정부에선 어떤 일이 벌어질까. 경제민주화의 격랑 속에 대기업이 편할 틈을 찾기란 쉽지 않아 보인다. 그렇다고 대기업과 등을 지는 일은 왠지 우파 정부와 어울려 보이지 않는다. 관료와 대기업, 양쪽을 겨눌 양날의 칼이 될런지, 아니면 양 쪽으로부터 협공을 당하는 형국이 될지 아직은 속단하기 이르다.

#

좌파 정부에서 우파 정부로 정권이 바뀐 뒤 예민하게 지켜볼 관심 대상 중 하나는 남북관계다. 노무현 정부 말기에 추진된 남북정상회담을 상기해보면 벌써 격세지감이다. 당시 갑자기 불거져 나온 남북 정상회담 소식이건만 시중에선 며칠 새에 갖가지 가상 의제들이 봇물처럼 쏟아질 정도로 관계 진전을 예상했다. 예컨대 남북 간 철도 정기운행을 검토하고 개성공단에 버금가는 제2 경제특구 개발을 타진한다든가 사회간접자본(SOC) 투자를 위한 뉴프로젝트가 추진될 것이라는 등이 대표적이었다.

심지어는 군비 축소와 병력 감축, 모병제, 휴전선 지역 사파리 건설 등 흥미로운 시나리오들도 그럴싸하게 다시 나돌기도 했다. 이것이 호사가들의 단순한 상상력인지 아니면 진짜 집권층 일각에서 검토됐던 것인지는 알 수 없으나 스토리 구성은 제법 탄탄했다.

예컨대 이런 내용이었다. 한반도 비핵화를 전제로 남북 정상 간에 군축을 선언하고 현재의 정전협정을 평화협정으로 대체하는 논의를 미국과 함께 시작해 북미수교의 물꼬를 튼다. 병력 감축은 북한이 20만 명 정도의 건설사병을 SOC 건설인력으로 전환하고 우리도 이에 상응한 감군을 한다. 이런 감군 일정이 본격화하면 자연스레 모병제가 성큼 현실로 다가온다. 상비군 병력을 20만 명 정도만 줄이면 모병제를 해도 병력 충원에 전혀 문제가 없다는 보고서는 이미 나와 있는 상태다. 이쯤 되면 징집대상 아들을 둔 가정에선 정말 남의 얘기가 아니다.

비무장지대(DMZ)를 평화(Peace)와 자유(Liberty)가 숨쉬는 평화자유지대(PLZ)로 이름 바꾸고 여기에 천혜의 생태관광공원으로 사파리를 건설하는 것도 멋진 프로젝트다. 전쟁과 분단의 상징인 철책선을 걷어내고 이곳을 21세기 평화와 환경의 상징으로 일거에 탈바꿈시키는 것이다.

이명박 정부에서 벌어진 천안함 사건이나 연평도 포격도 그렇지만 박근혜 정부 들어서도 남북 긴장 분위기가 조여 오고 있다. 김정일 국방위원장이 김정은으로 바뀐 것도 변화 요인이고, 우리 쪽 파트너가 이명박에서 박근혜로 바뀐 것도 변화를 읽을 배경이다.

하지만 분명한 것은 북한 변수가 어느덧 우리 생활 가까이 다가와 있다는 점이다. 따라서 이제는 남북통일을 현실로 받아들이고 각자 의식과 재정 차원에서 대비해야 할 단계인지 모른다.

한 번은 비극,
또 한 번은 희극?

세계사의 중요한 사실이나 인물은 두 번 반복해 나타난다.
한 번은 비극(Tragedy)으로, 또 한 번은 희극(Farce)으로.

칼 마르크스(1852년), 《루이 보나파르트의 브뤼메르 18일》

흔히 정치적 사건의 굴절된 반복을 일컫는 표현으로 이런 명구가
있다.

"세계사의 중요한 사실이나 인물은 두 번 반복해 나타난다. 한 번
은 비극(Tragedy)으로, 또 한 번은 희극(Farce)으로." 사실 이 말은
칼 마르크스가 프랑스 혁명을 다룬 저작 《루이 보나파르트의 브뤼
메르 18일》에 나온다. 자칫 '한 번은 비극적 종말, 다시 한 번은 해
피엔딩'으로 오해할 수 있는데 사실은 그게 아니다. 나폴레옹의 조
카인 루이 보나파르트가 1799년 쿠데타를 모방해 1852년 친위 쿠

데타를 일으킨 사건을 역사의 우스꽝스러운 광대극처럼 묘사한 것이니 오히려 그 반대로 해석하면 옳을까. 마르크스의 저작까지 들먹이려니 좀 거창하지만 글로벌 금융위기의 불길이 조금 잡혀가던 2009년경 우리 경제정책 당국의 출구전략(Exit Strategy)정책을 지켜본 결과 드는 생각이다.

사실 2008년 터진 위기를 극복하는 과정에서 너무 많이 늘어난 유동성을 줄이고 급팽창한 재정지출을 정상화하는 출구전략 논란이 우리만의 얘기는 아니다. 세계적인 공통 화두였다.

위기 국면이 한풀 꺾인 이상 출구전략을 추진하는 것은 옳은 일이다. 문제는 타이밍과 속도다. 부작용을 극소화해야 하기 때문이다. 이런 점에서 볼 때 당시 국내에서 진행되던 논의를 돌아보면 왠지 석연치 않은 곳이 몇 군데 있다. 우선 타이밍이 좀 빨랐다. 2010년 1월 임기 만료를 앞두고 벤 버냉키 미국 연방준비제도이사회(FRB) 의장이 먼저 바람을 잡긴 했지만 한국은행도 이미 경기 바닥 통과를 거론하며 옷소매를 걷어붙인 상태였다.

금리를 올려 물가를 잡자며 한은이 나서는 것이야 자연스러운 일이지만 정부도 뒤질세라 목소리를 내는 모양이 범상치 않았다. 윤증현 기획재정부 장관이나 진동수 금융위원장, 김종창 금융감독원장 등 금융정책 당국 트리오까지 일제히 가세했다. 주택대출총액제한, 총부채상환비율(DTI)과 주택담보인정비율(LTV) 강화 등은 물론 금리 인상까지 일찌감치 거론됐다.

겁도 났을 것이다. 글로벌 위기가 터지자 너무 겁을 집어 먹고 돈을 마구 풀어대지 않았나. 그 결과로 주택담보대출 증가세가 워낙 심상치 않은 데다 2006년 뼈 아픈 경험을 겪어 보지 않았나. 한은과 금감원 모두 서로 자신이 나설 일이 아니라고 핑퐁을 치다가 당시 노무현 대통령의 불호령이 떨어지고 나서야 금리를 올리고 대출을 조이는 부산을 떨었지만 결국 소 잃고 외양간 고치는 격이었다. 3년이 지난 이 시점에 자칫 집값이 다시 크게 오르기라도 하는 날이면 2010년 상반기 지방자치단체 선거는 해보나마나 집권당의 필패가 뻔한 일이었다.

이런 연유로 해서 이번엔 당국자들이 누가 먼저랄 것도 없이 서로 앞장서겠다고 나선 모양새였다. 그런데 문제는 정책수단이 너무 구태의연하고 3년 전과 대동소이하다는 점이었다. 얼마 지나서도 주택담보대출이 잡힐 조짐을 안 보이면 정책 당국자 간 책임 공방이 벌어질 것이었다.

하지만 이번엔 상황이 달라도 한참 달랐다. 가계의 지불능력이 극단적으로 떨어져 있는 상태다. 주택담보대출도 절반 정도가 부동산과 직접 관련이 없는 사실상 생활안정자금이다. 2006년엔 금리 인상이 집값 앙등을 가라앉혔지만 이번에는 위기 탈출은커녕 자칫 가계부채 대란의 뇌관에 불을 붙이며 부메랑으로 돌아올지 모를 일이었다. 가계부채 문제가 정권을 넘기면서도 여전히 해결되지 못하

고 있는 이유다. 이건 희극이자 비극이다. 창의적 정책 조합이 항상
필요한 까닭이다.

출구전략(Exit Strategy)

개념적으로 정확히 정의돼 있지 않으나 일반적으로 금융위기 극복을 위해 취해진 긴급대책 등을
정상화하기 위한 전략이라는 의미로 사용된다. 위기 때 도입했던 재정확대나 금리인하 등을 조금
씩 원상회복시키는 경우가 여기에 해당한다.